GEIRIAU DOETH
Y BEIBL

CYFRES O ASTUDIAETHAU BEIBLAIDD YN CANOLBWYNTIO AR LYFR Y DIARHEBION A DYWEDIADAU IESU

GAN
ELWYN RICHARDS

CYHOEDDIADAU'R GAIR

ⓑ Cyhoeddiadau'r Gair 2010

Testun gwreiddiol: Elwyn Richards

Golygydd Cyffredinol: Aled Davies

ISBN 978 1 85994 672 0
Argraffwyd ym Mhrydain.

**Cyhoeddwyd gan
Cyhoeddiadau'r Gair, Cyngor Ysgolion Sul Cymru,
Ael y Bryn, Chwilog, Pwllheli, Gwynedd LL53 6SH.**

CYNNWYS

Rhagymadrodd

Diolch i Gyngor Ysgolion Sul Cymru am y gwahoddiad i lunio'r gwerslyfr hwn, ac am awgrymu'r thema i'w dilyn. Aethpwyd ati i ystyried peth o gynnwys Llyfr y Diarhebion a rhai o ddywediadau Iesu, a rhoddwyd sylw i agweddau ymarferol y Ffydd, gan geisio dirnad y modd y bu i argyhoeddiad crefyddol ymbriodi â phrofiad i lywio a chynnal yr agweddau hynny.

Er mwyn esbonio'r Ysgrythur, pwyswyd yn drwm ar waith ysgolheigion Beiblaidd, a cheisiwyd adlewyrchu eu dysg, heb anghofio cyd-destun cyfoes a sefyllfa eglwysi Cymru. Y gobaith yw y ceir yma arweiniad ynglŷn â'r hyn a ddywed yr Ysgrythur, ac ymateb cymwys i fyd a bywyd heddiw. Ond yn fwy na dim, gobeithir y bydd i'r cynnwys annog trafodaeth ac ymholi. I'r diben hwnnw, ychwanegwyd cwestiynau a gosodiadau i'w trafod ar ddiwedd pob gwers.

Y mae diolch yn ddyledus i Gyhoeddiadau'r Gair am ddwyn y gwaith i olau dydd; i'm cydweithwyr yn y Coleg Gwyn am eu cefnogaeth; ac i bawb a gynorthwyodd gydag awgrym ac ateb i lu o fân gwestiynau. Fy mai i yw'r holl frychau a erys yn y gyfrol, a hyderaf y bydd i'r darllenwyr eu maddau gan ddal ar y cyfle i ddod ynghyd i chwilio'r Ysgrythurau.

Elwyn Richards, Y Coleg Gwyn, Haf 2010

Detholiad o lyfryddiaeth

Kenneth T. Aitken, *Proverbs* (The Saint Andrew Press, Edinburgh, 1986)

Walter C. Kaiser Jr, Peter H Davids, F.F. Bruce, Manfred T Brauch, *The Hard Sayings of the Bible* (IVP Academic, Downers Grove, 1996)

Tremper Longman III, *Proverbs* (Baker Academic, Grand Rapids, 2008)

Bruce K. Waltke, *The Book of Proverbs*, Vol. 1 (William B. Eerdmans Publishing Company, Grand Rapids, 2004); Vol. 2 (2005)

Gwers 1
Cyflwyniad i Lyfr y Diarhebion

Diarhebion Solomon fab Dafydd, brenin Israel (1:1)

Yn unol ag arfer y Dwyrain Agos, daw'r enw 'Llyfr y Diarhebion' o eiriau cyntaf y gwaith. Dyma, meddir, "Ddiarhebion Solomon, fab Dafydd, brenin Israel" (1:1; cymh. 10:1; 25:1).

Yr ydym oll yn gyfarwydd â diarhebion. Y mae gennym yn y Gymraeg gannoedd ohonynt sy'n crynhoi doethineb y cenedlaethau a fu. Gall eu cysylltiadau fod yn ddieithr ar brydiau, ac y maent yn aml yn adlewyrchu byd a ffordd o fyw a ddiflannodd. Ond bydd eu hergyd yn amlwg i'r sawl sy'n eu hystyried eto. Ystyriwch, er enghraifft, yr hen ddihareb, 'Nid ar redeg y mae aredig'. Blas amaethyddol sydd iddi; ac i werthfawrogi ei hystyr yn iawn rhaid cofio natur y gwaith o drin y tir: rhaid sicrhau fod y tir yn cael ei droi yn gymen a'r cwysi'n syth. Rhaid gwylio rhag difrodi'r gwŷdd, a chadw mewn cof tasg pa mor llafurus oedd aredig cyn oes y peiriant. I wneud unrhyw waith yn iawn, rhaid wrth bwyll ac amynedd – dyna'r ergyd!

Cysylltir Llyfr y Diarhebion â'r Brenin Solomon (c. 970–930 CC). Ac y mae Llyfr y Brenhinoedd yn pwysleisio bod Solomon wedi derbyn doethineb yn rhodd gan Dduw (1 Bren. 3:1–15), a'i fod wedi gweithredu'n ddoeth wrth farnu (1 Bren. 3:16–28) ac wedi gwneud cryn argraff ar y llwyfan rhyngwladol, nes bod rhai megis y Frenhines Sheba wedi rhyfeddu at ei ddoethineb (1 Bren. 10:1–13). Eto i gyd, go brin y dylid credu mai Solomon oedd awdur Llyfr y Diarhebion fel y cyfryw. Er y dywedir i'r brenin lefaru tair mil o ddiarhebion (1 Bren. 4:32), mae diarhebion wrth natur yn perthyn i'r traddodiad llafar. Ceir geiriau tebyg i'r rhai a geir yma mewn casgliadau Eiffteg ac Aramaeg hefyd, a chyfeirir at y diarhebion ddwywaith yn y llyfr hwn fel 'geiriau'r doethion' (Diarh. 22:17; 24:23). Priodolir rhai ohonynt i ddau ŵr anhysbys, Agur (30:1) a'r brenin Lemuel (31:1), a dywedir fod "gwŷr Heseceia brenin Jwda" wedi bod yn gyfrifol am gofnodi eraill (25:1).

Perthynas hyd braich, gellid tybio, fu gan y Brenin Solomon â llunio'r casgliad. Mae'n bosibl nad oedd cydio'i enw wrth y casgliad yn ddim mwy na modd o gydnabod ei bwysigrwydd ef mewn materion yn ymwneud â doethineb. O dipyn i beth, dros amser, y casglwyd y diarhebion ynghyd; ac awgrym o hynny yw'r ffaith i rai ohonynt gael eu hailadrodd, fel pe baent wedi cael eu dwyn i'r casgliad eilwaith yng nghwmni rhai newydd.

Fel rheol, rhennir y llyfr yn adrannau, fel a ganlyn:
Rhagarweiniad (1:1–7)
Trafodaeth ar Ddoethineb (1:8–9:18)
Diarhebion Solomon (10:1–22:16; 25:1–29:27)
Geiriau'r Doethion (22:17–24:34)
Dywediadau Agur (30:1–33)
Dywediadau'r brenin Lemuel (31:1–9)
Cerdd i'r wraig fedrus (31:10–31)

Ar un adeg, roedd rhai o'r farn nad oedd llawer o drefn i gynnwys yr adrannau fel y cyfryw. Er hynny, ceisiodd rhai ysgolheigion brofi bod trefn, a hynny weithiau trwy bwyso ar ddamcaniaethau rhifyddol pur gymhleth, neu egwyddorion barddoniaeth. Ond ni fydd y gwerslyfr hwn fawr elwach o roi sylw i ddamcaniaethau felly.

Ni wyddom lawer chwaith am y cylchoedd cymdeithasol y casglwyd y diarhebion hyn ynddynt. Gwelodd rai gyswllt clos rhyngddynt â'r llys brenhinol. Honnodd eraill mai gwaith ysgrifenyddion mewn ysgolion arbennig oedd dwyn y casgliad ynghyd. Awgrymwyd hefyd mai ffrwyth myfyrdod cymdeithas amaethyddol a welir ym mhenodau 10–31. Yr unig gasgliad synhwyrol yw bod yma ddywediadau doeth o sawl cylch cymdeithasol gwahanol.

Cymhwyso
Yn draddodiadol, honnwyd mai cynghorion ymarferol a geir yn Llyfr y Diarhebion, at ei gilydd. A rhoddodd prinder y cyfeiriadau at Dduw ynddo goel i'r gred mai llyfr seciwlar ei gynnwys ydoedd. Nid yw'r gred honno'n gwneud cyfiawnder â'r agwedd meddwl a adlewyrchir yn y casgliad, er bod rhaid cydnabod mai y tu ôl i'r llenni y mae Duw yn y llyfr hwn.

Erbyn cyfnod Jeremeia yr oedd y 'gŵr doeth' yn gymeriad cydnabyddedig yn y gymdeithas Iddewig, ochr yn ochr â'r offeiriad a'r proffwyd (Jer. 18:18). Yn wahanol iawn iddynt hwy, fodd bynnag, nid hawliau a chyfrifoldebau pobl yr Arglwydd a fyddai'n mynd â'i fryd, na chywirdeb eu haddoliad na chryfder eu ffydd, ond agweddau a gweithredoedd pobl gyffredin yn eu byw bob dydd. Am hynny, yr hyn a geid gan y gwŷr doeth oedd cyngor am bethau cyffredin bywyd – magu plant, cymdeithasu, siarad gwag, gwaith, hamdden, arferion busnes, ac amryw byd o bynciau cyffelyb. Yr oedd y fath gyngor yn sefyll ar ei draed ei hun, heb unrhyw apêl at y dwyfol, ac yn dibynnu ar synnwyr cyffredin, chwaeth dda a phrofiad dynol.

Un o honiadau cyson ein cyfnod ninnau yw bod pobl yn gallu byw bywyd moesol a derbyniol heb gymaint â chodi het i gyfeiriad crefydd. Heb os, mae yna apêl gyffredinol i Lyfr y Diarhebion. Yn *Y Goleuad* yn ddiweddar, cyhoeddwyd ysgrif gan Arthur Wyn Rowlands o Fethesda ('Gair o Gysur', *Y Goleuad*, CXXXVIII Rhif 3, 15 Ionawr 2010, t. 2) yn tystio i'r cysur a gafodd o ddarllen Llyfr y Diarhebion, a hynny wedi profedigaeth erchyll o golli ei wraig, Rhiannon. Tybed a ydym ni weithiau'n chwannog i bwysleisio gwerth yr ysbrydol ar draul yr ymarferol a'r synhwyrol, heb gofio delfryd yr Iddew o fywyd llawn?

Trafod
Pa un yw eich hoff ddihareb Gymraeg, a pham?

A yw'n bwysig gwybod pwy yw awdur gwaith neu gyfrol?

A ydym yn rhoi digon o bwyslais ar synnwyr cyffredin a doethineb mewn oes sy'n pwysleisio cymwysterau a hyfforddiant?

A fyddech o blaid rhoi gwedd llai duwiol a mwy ymarferol i Gristnogaeth?

Gwers 2
Nod ac amcan y gwaith (Diar. 1:2–7)

Y mae saith adnod gyntaf Llyfr y Diarhebion yn gyflwyniad i'r gwaith cyfan. Wedi cyfeirio at natur y gwaith – sef diarhebion – a nodi enw'r 'awdur', ceir crynodeb o gynnwys a diben y llyfr ar ffurf y math o anerchiad a rydd athro i'w ddosbarth cyn dechrau'r dasg o addysgu. Crynodeb o nod ac amcan y gwaith sydd yma, ac addewid y caiff y darllenydd sylwgar arweiniad i sut mae byw bywyd llwyddiannus.

Y mae'n werth nodi mai dosbarth cymysg oedd gan yr athro i bob golwg - nid gwybodusion a doethion oeddent ond gwerin gyffredin. Y mae doethineb, fodd bynnag, yn golygu mwy nag ennill gwybodaeth. Ceir yma hefyd bwyslais ar y gallu i ddirnad a chanfod. Dyma fedrau y mae'n rhaid eu meithrin a'u datblygu yn y disgyblion; a dônt i'w hoed gyda phrofiad ac aeddfedrwydd. Y mae gwedd ymarferol i ddoethineb yn yr Hen Destament. Yn Llyfr Exodus caiff yr hyn a gyfieithir fel 'doethineb calon' gan William Morgan ei fynegi yn y BCN Diwygiedig â'r gair 'dawn' - "Llanwyd hwy â'r ddawn i wneud pob math o waith crefftus" (35:35). Mae Eseciel yn defnyddio'r un gair wrth ddweud y ceir o Dyrus forwyr penigamp, "gŵyr medrus â'u llaw ar y llyw" (27:8); a cheir yr un gair hefyd gan Eseia, sy'n cyfeirio at grefftwr 'cywrain' (40:20). Yn sylfaenol, medr neu ddawn ynglŷn â'r gwaith dan sylw oedd doethineb. Ac i awduron Llyfr y Diarhebion, y gwaith oedd byw, a'r hyn oedd ei angen i wneud hynny'n llwyddiannus oedd doethineb. Felly, wrth i'r athro fynegi ei fwriad nid oes rhyfedd y rhoddir lle arbennig i'r ifanc, ac mai rhan o'r neges yw bod yn rhaid i'r ifanc ddysgu oddi wrth rai hŷn. Ergyd adnod 4, mae'n debyg, yw bod yr ifanc yn agored i ddylanwad; y maent yn 'wirion' nid oherwydd diffyg gwybodaeth neu allu cynhenid, ond oherwydd diffyg profiad. Gwir y gair, 'Yr hen a ŵyr, yr ifanc a dybia'; ond nid yw'r athro am fynd mor bell â honni nad oes gan yr hen neu'r doeth le i ddysgu hefyd. Yn hytrach, "Y mae'r doeth yn gwrando ac yn cynyddu mewn dysg, a'r deallus yn ennill medrusrwydd" (adn. 5). Fel y gŵyr pob athro, y mae cyfrannu dysg yn golygu fod y sawl a wna hynny yntau'n dysgu, a'r broses o rannu gwybodaeth yn cyfoethogi'r athro hefyd.

Yn ôl yr esbonwyr, y mae blas bygythiad i'r gair 'addysg' yn adnod 2, gan fod y gair yn tarddu o ferf sy'n golygu 'ceryddu' neu 'gywiro'; ac y mae cosb yn fygythiad cyson drwy gydol y llyfr hwn (cymh. 10:13; 13:24; 19:18, 25; 20:30; 22:15; 23:13–14; 26:3; 29:15,17,19).

Cysylltir doethineb â moesoldeb gan mai nod y llyfr, meddir, yw cyfrannu 'cyfiawnder, barn, ac uniondeb' yn ogystal â gwybodaeth. Ni fanylir ar natur y priodoleddau aruchel hyn, ond y mae gweddill y gwaith yn annog agwedd ac ymddygiad cywir a fydd yn fodd i'w meithrin. Rhan bwysig o'r agwedd honno yw hunanddisgyblaeth. Yn ôl y Testament Newydd, dyma un o ffrwythau'r Ysbryd (Gal. 5:23), ac ymddengys fod doethineb yn arwain at fywyd disgybledig.

Ceir yr allwedd i'r llyfr cyfan yn adnod 7, gyda'r haeriad mai "Ofn yr Arglwydd yw dechrau gwybodaeth". Rhaid gosod yr adnod hon yn wrthbwynt sicr i'r honiad nad oes rhithyn o dduwioldeb yn Llyfr y Diarhebion, ond yn unig bwyslais ar yr ymarferol.

Ni cheir gwybodaeth neu ddoethineb ar wahân i berthynas â Duw, medd Llyfr y Diarhebion, a nod amgen y berthynas honno yw parchedig ofn. Felly, nid mater yn unig o ddysgu egwyddorion a'u cymhwyso'n ofalus yw doethineb, ond mater o berthynas; ac o fewn y berthynas honno y mae'r creadur yn gwybod ei le wyneb yn wyneb â'i Greawdwr. Mae'n bosibl fod cynghorion a darddodd o'r byd paganaidd wedi eu cynnwys yn Llyfr y Diarhebion. Ond i'r Iddew, cysyniad diwinyddol oedd doethineb, nad oedd yn bod ar wahân i berthynas o ddibyniaeth ac ymddiriedaeth yn Nuw. A byddai gwŷr doeth y gymdeithas Iddewig, er gwaethaf eu pwyslais ymarferol, wedi cymryd hynny'n ganiataol.

Cymhwyso

Un o nodweddion Llyfr y Diarhebion yw'r ymwybyddiaeth gyson a geir ynddo y gall nodweddion arbennig arwain at fywyd da neu fywyd drwg. Ystyrier, er enghraifft, y defnydd o'r gair 'craffter' yn adnod 4. Dyma'r gair a ddefnyddir i ddisgrifio'r sarff yng Ngardd Eden: "Yr oedd y sarff yn fwy cyfrwys na'r holl fwystfilod gwyllt a wnaed gan yr Arglwydd Dduw" (Gen. 3:1). Ac yn Llyfr Josua defnyddir yr un gair eto wrth gyfeirio at y Gibeoniaid (9:4) a'u hymateb i waith Josua yn dinistrio Jericho ac Ai. Gweithredu'n hirben a wnaethant. Ac y mae'r nod hwn o roi 'craffter i'r gwirion' yn ein hatgoffa o eiriau Iesu wrth ei ddisgyblion i'w hannog i fod yn "gall fel seirff ac yn ddiniwed fel colomennod" (Math. 10:16).

Nid nodweddion y bywyd doeth ynddynt eu hunain sy'n bwysig i'r athro, oherwydd gall nodweddion felly gael eu defnyddio er da neu er drwg. "Ofn yr Arglwydd" yw'r allwedd sy'n sicrhau bod priodoledd yn troi'n rhinwedd, a golyga'r ofn hwnnw nid yn unig y rhyfeddod a gysylltwn â pharchedig ofn (cymh. Ex. 3:6; Gen. 28:16–17) ond hefyd ffyddlondeb i Dduw, ufudd–dod i'w gyfraith a pharodrwydd i'w ddilyn a'i wasanaethu (cymh. Deut. 6:2; 8:6; 10:12–13; 31:12–13). Does dim rhyfedd y gelwid pobl oedd yn troi at y ffydd Iddewig yng nghyfnod y Testament Newydd yn rhai oedd yn 'ofni Duw' (Act. 10:2). Dechrau doethineb, yn yr ystyr o sylfaen neu wreiddyn doethineb, yw ofn yr Arglwydd. Nodweddir ffyliaid yma gan eu hamharodrwydd i gydnabod hynny ac i ymroi i dduwioldeb.

Noder hefyd fod delfrydau moesol aruchel yr Hen Destament yn cael eu crynhoi gan y tri gair, 'cyfiawnder', 'barn' ac 'uniondeb' (adn. 3). Fel y pwysleisiodd y proffwydi mai gwag a diystyr oedd crefydd nad oedd yn rhoi'r sylw dyladwy i orchmynion Duw (Es. 1:10–17; Am. 5:21–24; Mic. 6:6–8), pwysleisir yma mai diwerth yw doethineb sy'n dirmygu moesoldeb.

Ac nid yw golwg arwynebol ar fywyd yn ddigon chwaith. Y gamp, yn ôl adnod 6, yw treiddio y tu ôl i'r allanol a'r ymddangosiadol i ganfod gwir ystyr. Adlewyrchir y ddawn honno, 'y ddawn i weld rownd conglau', chwedl rhywun, yn y gallu i ddirnad ystyron a blas ac ergyd geiriau. Un o bosau enwocaf y Beibl yw'r un a gafwyd gan Samson (Barn. 14:12–18), a'r gamp i bob un o ddisgyblion doethineb yw nid esbonio'r pos mewn dosbarth ond cymhwyso'r gwirionedd a geir ynddo at fywyd. Mewn oes sydd, meddid, yn arwynebol ac yn cael ei llygad dynnu gan gwlt enwogrwydd, diau fod y rhybudd i graffu nes canfod, ac i ystyried nes deall, yn berthnasol i bawb ohonom.

Trafod

A roddwn ddigon o bwyslais heddiw ar 'sgiliau bywyd'?

Cyfrinach bywyd dedwydd yw hunanreolaeth.
'Yr hen a ŵyr, yr ifanc a dybia.'

Pam ei bod yn bwysig cael sylfaen grefyddol gadarn i fywyd?

Gwers 3
Osgoi cwmni drwg (Diar. 1:8–19)

Dyma wers gyntaf y tad ac y mae'n dilyn patrwm a ddaw'n amlwg yn
y llyfr hwn. Cychwynnir gydag apêl i'r mab wrando ar y cyngor sy'n
dilyn (adn. 8); yna ceir awgrym o pam y dylai wneud hynny (adn. 9);
ac wedi'r cyngor ei hun, ceir crynodeb ohono (adn. 19). Yr oedd yr
anogaeth i wrando, fodd bynnag, yn llawer mwy na rhybudd i ddal
sylw, gan fod i ystyr y gair Hebraeg yr arlliw o ufudd–dod. Cofier eiriau
Iesu wrth iddo gyflwyno dameg y ddwy sylfaen: "Pob un felly sy'n
gwrando ar y geiriau hyn o'r eiddof ac yn eu gwneud, fe'i cyffelybir i un
call, a adeiladodd ei dŷ ar y graig" (Mth. 7:24). Rhaid gwrando ac
ufuddhau. A chryfheir yr anogaeth i wneud hynny ymhellach gan
addewid am wobr a fydd yn dilyn – bydd doethineb fel tlysau prydferth
yn peri fod y sawl sy'n ei gwisgo yn brydferthach (adn. 9).

Y mae cyngor y tad yn syml ac uniongyrchol. Dylai'r mab gadw draw
oddi wrth bechaduriaid; a defnyddir y gair, nid yn yr ystyr fod pawb yn
bechaduriaid, ond gyda golwg ar ddrwgweithredwyr bwriadol sydd â'u
bryd ar ennill cyfoeth trwy ymosod a hyd yn oed trwy lofruddio. Dylai'r
mab gadw'n glir o bobl felly, ac er mwyn pwysleisio'r neges honno y
mae'r tad yn mynd rhagddo i rybuddio'r bachgen o'r math o gynnig a
ddaw o du'r drwgweithredwyr. Byddant yn cynnig cyffro, cyfeillgarwch,
rhan o'r ysbail ac ymdeimlad o berthyn; ond llwfr a diegwyddor fydd eu
hymddygiad, ac yn y diwedd ni all ond arwain at gosb a dinistr. Y
mae'r cyfeiriad at Sheol (adn.12), sef trigfan y meirw, yn rhoi ias
ychwanegol i'r rhybudd, a'r ddelwedd o lyncu a disgyn yn cynyddu
ofnadwyaeth y darlun.

Felly, ymwrthod yw'r unig ddewis, a phwysleisir hynny trwy ddefnyddio
trosiad a geir yn gyson yn Llyfr y Diarhebion, sef y ffordd neu'r llwybr.
Llwybr yw bywyd. Gall fod yn llwybr da neu'n llwybr drwg. A'r gamp
yw dewis y llwybr cywir. Y mae'r drwgweithredwyr yn rhuthro i ganlyn
drygioni ar hyd ffordd dinistr, oherwydd dyna yn ddiau fydd eu diwedd.
Y mae delwedd yr adarwr yn gyffredin yn yr Hen Destament (cymh.
Salm124:7; Diar. 6:5) a'r awgrym yma yw y bydd y drwgweithredwyr
yn cael eu dal yn eu rhwydi eu hunain! Ofer yw gosod rhwyd lle y gall

aderyn ei gweld yn eglur, ond yn eu brys nid yw'r drwgweithredwyr yn ystyried y perygl.

Daw'r adran hon i ben gyda'r rhybudd mai dinistrio eu hunain a wna'r drwgweithredwyr mewn gwirionedd wrth baratoi i ymosod.

Cymhwyso
Mae'n werth sylwi y cyfeirir at gyfarwyddyd y fam yn ogystal ag addysg y tad ar ddechrau'r adran hon (adn.8). Ac y mae'n amlwg fod hynny'n fwy na chyfeiriad hwylus i ffurfio cyfochredd o fewn yr adnod, gan fod cyfeiriad at fam fel athro yn bur anghyffredin yn llên doethineb yr hen fyd (cymh. 6:20; 31:1). Pwysleisir yma fod awdurdod i lais y tad a'r fam wrth roi hyfforddiant i'r bachgen, ac y mae anwyldeb i gyfarchiad y tad sy'n cyfeirio at ei blentyn fel 'fy mab'. Y mae'r plentyn yn etifedd ysbrydol ei rieni, ac y mae'r pwyslais hwn ar fagwraeth gyflawn yn un y dylwn ninnau hefyd fod yn ymwybodol ohono. Mewn cyfnod pryd y mae 'teuluoedd' yn cymryd amrywiol ffurf, a'r hen batrwm traddodiadol o dad a mam a phlant i'w ganfod ynghyd â phatrymau newydd, mae'r pwyslais ar gyngor ac arweiniad teulu, sefydlogrwydd aelwyd a diddordeb rhieni yn un i'w drysori.

Daw hynny yn fwyfwy amlwg o sylwi ar y byd y tu hwnt i'r aelwyd. Byd o demtasiynau yw hwnnw, ac y mae'r rhieni yma yn llawn ymwybodol o hynny. Yn wir, rhybuddir y bachgen o'r ystrywiau a ddefnyddia drwgweithredwyr i'w ddenu, a phwysleisir y bydd apêl i'w geiriau. Ond dylai weld y tu hwnt i'w haddewidion a bod yn ymwybodol o'r canlyniad anochel a fydd yn dilyn ymwneud â'r fath bobl. Y mae yma nodyn oesol i eiriau'r tad ynghyd ag adlewyrchiad o gonsyrn a phryder rhieni pob cyfnod. Mae'n rhaid i'r plentyn dyfu a datblygu a chymryd cyfrifoldeb am ei benderfyniadau ei hun, ac ni all yr un rhiant wneud mwy na cheisio sicrhau y bydd y cyngor a'r arweiniad a rydd yn dwyn ffrwyth.

Y mae'r byd hefyd yn llawn drygioni. Drwgweithredwyr caled yw'r rhai y rhybuddir y plentyn rhagddynt. Ni all neb gyhuddo awdur y geiriau hyn o fod allan o gyswllt â bywyd go iawn, neu o fyw yn ei fyd bach ei hun. Y mae mileindra'r criw y cyfeirir atynt yn ein hatgoffa o'r dihirod y cyfeiriodd Iesu atynt yn nameg y Samariad Trugarog. Dyma a ddywed

Luc am yr hyn a wnaeth y rheiny i'r teithiwr diniwed: "Wedi tynnu ei ddillad oddi amdano a'i guro, aethant ymaith, a'i adael yn hanner marw" (10:30).

Yn aml iawn cyhuddir aelodau ein heglwysi o fod yn ddall i erwinder bywyd, a diau fod peth gwir yn hynny. Ond y mae'n werth sylwi hefyd, er gwaetha'r darlun erchyll o'r drwgweithredwyr a geir yma, a ddylai fod yn ddigon i beri i unrhyw un gadw draw oddi wrthynt, fod eu hapêl yn atyniadol iawn. Dyna'r ergyd. Y mae atyniad cyffro, cyfeillgarwch a'r ymdeimlad o berthyn gyfryw fel y disodlir pob synnwyr cyffredin, gan eu bod yn cydio yn nyhead naturiol pobl ifanc am annibyniaeth, antur a ffrindiau da.

Yn olaf, dylid nodi'r crynodeb ar ddiwedd yr adran (adn. 19) a'r haeriad mai difa'i berchennog a wna'r gwanc am elw. Nid fod y Beibl yn condemnio elw fel y cyfryw chwaith. Elw a enillwyd mewn modd anghyfiawn, budrelw, a gondemnir yma. Nid oedd dim mwy ynfyd yng ngolwg Llyfr y Diarhebion na diogyn (gweler 6:6–11; 10:4; 15:19; 21:25; cymh. 27:23–27; 31:27). Mewn oes sydd o hyd yn breuddwydio am ennill elw heb waith, a phan fo hapchwarae yn gyfrwng gobaith i lawer, onid oes yma neges ar ein cyfer ni?

Trafod
Ydi'r rhybuddion a geir yma'n berthnasol heddiw?

Pa mor bwysig i ddatblygiad plant yw aelwyd sefydlog a rhieni doeth?

Pa mor bwysig yw bod yn ymwybodol o erwinder bywyd?

Pa mor hawdd yw osgoi budrelw?

Gwers 4
Doethineb yn galw (Diar. 1:20–33)

Yn yr adran hon mae Doethineb yn ymddangos ar ffurf gwraig sy'n gweiddi yn y stryd ac yn herio pawb i wrando ar ei chyngor. Personoliad o ddoethineb Duw yw hi, ac fe'i gwelwn hi eto ym mhenodau 8 a 9. Perthyn iddi nodweddion y pregethwr a'r athro, y cynghorwr a'r proffwyd a'r bardd. Nid yw'n amlwg pwy sy'n ei chyflwyno (adn 20–21), ond y mae ei neges yn ddigymysg.

Geilw Doethineb ar dri math o bobl i roi sylw iddi, sef y rhai gwirion, y gwatwarwyr a'r ffyliaid (adn.22). Gellir tybio mai dibrofiad yw'r gwirion, a hawdd ganddynt gael eu llygad dynnu a'u hudo; ond y mae'r gwatwarwyr yn feirniadol ac yn barod i wneud hwyl am ben y sawl sy'n ceisio eu cynorthwyo (cymh. Salm 1:1). Dyma'r rhai mwyaf anodd i ddoethineb ddylanwadu arnynt; ac y mae'r ffyliaid yn perthyn yn agos iddynt, er eu bod o bosibl yn llai amrwd eu hymateb.

Tristwch y rhain oll yw eu bod yn ddidaro. Y mae'r gwirion yn fodlon ar wiriondeb, y gwatwarwyr yn ymhyfrydu mewn gwatwar a'r ffyliaid yn casáu gwybodaeth! Ceir blas o rym y geiriau hyn wrth gofio mai'r gair a ddefnyddir yma am 'ymhyfrydu' a ddefnyddir hefyd yn y Degfed Gorchymyn, lle ceir rhybudd i beidio â chwennych (Ex. 20:17).

O ymateb i gerydd Doethineb, ceir gobaith am adferiad. Yn wir, mae'r cwestiwn "Pa hyd y bodlonwch ar fod yn wirion?"' (adn. 22) yn adlewyrchu dyhead Doethineb am ymateb cadarnhaol. Ni fyddai ymateb felly y tu hwnt i neb, ac o'i gael fe dywalltai Doethineb ei hysbryd ar y ffyliaid a pheri iddynt ddeall ei geiriau. Y mae'r cysylltiad rhwng Ysbryd Duw a doethineb yn amlwg yn yr Hen Destament, ac fe'i gwelir yn yr adnodau adnabyddus o Lyfr y Proffwyd Eseia, lle cyfeirir at y blaguryn o gyff Jesse gan ddweud y "bydd ysbryd yr Arglwydd yn gorffwys arno, yn ysbryd doethineb a deall, yn ysbryd cyngor a grym, yn ysbryd gwybodaeth ac ofn yr Arglwydd" (Eseia 11:2).

Ond ymwrthod â Doethineb a wna'r ffyliaid, ac y mae ei chynddaredd hi o'r herwydd yn amlwg. Fe alwodd hi, ond ni wnaeth neb ymateb; fe estynnodd ei llaw, ond ni chafodd wrandawiad. Ac am hynny, bydd yn chwerthin pan ddaw dinistr yn anorfod ar y rhai a wrthododd ei chyngor gan ddyfalbarhau mewn ynfydrwydd a dwyn adfyd a gwasgfa arnynt eu hunain. Bydd yn rhy hwyr iddynt droi ati bryd hynny, ac y mae'r disgrifiad o ddychryn yn dod fel corwynt a dinistr yn taro fel storm (adn. 27) yn cyfleu grym a braw'r hyn a ddigwydd iddynt.

Daw'r adran i ben gyda sylw cyffredinol (adn. 32–33) sy'n dweud y bydd diffyg ymateb y ffyliaid yn eu difa, ond y bydd y rhai a wrandawodd ar ddoethineb yn byw'n ddiogel.

Cymhwyso

Galwad gyffredinol yw galwad Doethineb yma, a hynny mewn mannau cyhoeddus – y stryd, y sgwâr, pen y muriau a mynedfa pyrth y ddinas. Y mae'n ddiarbed ei chenadwri, ac nid ymddengys fod lledneisrwydd na diffyg hyder yn ei nodweddu. Mae'n eofn a pharod, yn rymus a beiddgar, ac yn herio pobl wrth eu gwaith. Ac ni fyddai neb yn gallu ymesgusodi a dweud nad oedd yn ymwybodol ohoni.

Un o sialensiau mawr yr Eglwys hefyd yw herio'r farn gyhoeddus, mynnu sylw byd prysur, ac ymwthio i ganol pobl wrth eu gwaith bob dydd. Roedd pyrth y ddinas yng nghyfnod yr Hen Destament yn lleoedd arbennig o brysur a llawn pobl – roedd yno lafurwyr yn mynd a dod, crefftwyr wrth eu gwaith, siopwyr yn gwerthu eu cynnyrch, masnachwyr yn ceisio bywoliaeth, a phobl yn sgwrsio, hamddena, diogi, disgwyl, trafod a gwylio'r byd yn mynd rhagddo. Yng nghanol y rhain y gwelir Doethineb, ond er gwaethaf ei llais croch, mae'r ynfyd yn gwbl ddidaro ynghylch ei chenadwri. Yr un yw ei phrofiad â phrofiad mynych y proffwydi, sef gwrthodiad a methiant i ddwyn perswâd nac i ddal sylw'r rhai y mae arnynt cymaint o angen amdani (cymh. Jer. 6:19; 9:6).

Er hynny, y mae ei galwad yn daer ac yn llawn bygythiad; a nodweddir ei neges gan yr ymdeimlad fod brys i ymateb iddi. Y mae bygwth a chyhoeddi barn yn amhoblogaidd heddiw, yn enwedig wrth bregethu, ac aethpwyd i ffafrio perswâd drwy reswm ac esiampl. Ond ni ellir gwadu fod yr elfen o frys yn amlwg yn Y Beibl, a chaiff ei adlewyrchu yng ngeiriau Paul yn y Llythyr at y Rhufeiniaid: "Ie, gwnewch hyn oll fel rhai sy'n ymwybodol o'r amser, mai dyma'r awr ichwi i ddeffro o gwsg. Erbyn hyn, y mae ein hiachawdwriaeth yn nes atom nag oedd pan ddaethom i gredu. Y mae'r nos ar ddod i ben, a'r dydd ar wawrio. Gadewch inni, felly, roi heibio weithredoedd y tywyllwch, a gwisgo arfau'r goleuni" (Rhuf. 13:11-13).

Un o drychinebau bywyd yw colli cyfle. Nid yw ennill doethineb yn anodd, ond gwell gan y ffyliaid ddilyn eu barn a'u cyngor eu hunain heb sylweddoli y bydd hynny'n arwain at drychineb.

Trafod
Beth, dybiwch chi, sy'n cyfrif am yr elfen anhydrin ynom?

Beth sy'n gweithio orau, perswâd ynteu fygythiad?

A ydym yn Gristnogion ar frys?

Sut y mae tynnu sylw'r cyhoedd at fawrion bethau'r ffydd?

Gwers 5
Gwobr Doethineb (Diar. 2:1–8)

Un araith hir y mae'r tad yn annerch y mab drwyddi yw'r ail bennod o Lyfr y Diarhebion. A cheir yr argraff iddi gael ei llefaru yn null ambell i blentyn a arferai ddweud adnod mewn oedfa, heb na saib nac ymatal. Byrdwn y cwbl yw y dylai'r bachgen ymdrechu i ennill doethineb (a gysylltir yma â geiriau'r tad), a dod yn ymwybodol o "ofn yr Arglwydd" (adn. 5) a'i holl oblygiadau.

Pwysleisir fod doethineb yn rhywbeth i'w cheisio a'i hennill, a bod rhaid ymdrechu i'w chael. Nid nod hawdd mohono, ond caiff y bachgen arweiniad o wrando ar ei dad. Rhaid iddo fod yn barod i ddysgu. A chaiff yr anogaeth i 'dderbyn' a 'thrysori' ei hatgyfnerthu trwy bwysleisio y dylid "gwrando'n astud" (adn.2). Mewn diwylliant llafar, lle na fyddai gan y disgyblion, ar aelwyd nac mewn ysgol a fyddai'n meithrin doethineb, lyfr cwrs na nodiadau, roedd y gallu i wrando a chofio'n hanfodol. Bendithiwyd cenedlaethau o blant Cymru â'r cyfle i ddysgu ar eu cof adnodau ac emynau a ddaeth yn drysorau a drodd yn gynhaliaeth ac yn gysur i gynifer ohonom.

Fodd bynnag, nid yw meddwl agored yn ddigon i sicrhau bendithion llawn doethineb. Rhaid yn hytrach ganolbwyntio'r meddwl ar ddeall, ac ymdrechu i ennill doethineb gyda'r un brwdfrydedd a phenderfyniad â phe bai rhywun yn cloddio am drysor (cymh. 3:14-15). Rhaid meithrin tuedd tuag ati neu archwaeth amdani, a'r rhyfeddod yw y canfyddir ei bod, o'i cheisio, yn rhodd Duw. Dyma gyffwrdd ag un o ddirgelion oesol y Ffydd, sef sylweddoliad syfrdan y credadun fod yr hyn yr ymdrechodd i'w ennill a'r hyn a geisiodd â'i holl galon ac y bu'n dyheu amdano yn fwy na dim arall, wedi ei roi iddo, fel pe na fyddai ei ymdrech na'i ddyhead yn cyfrif. Noder mai at y galon y cyfeiria'r Hebraeg yn adnod 2; ond i'r Iddew, lleoliad y gweithgareddau y byddwn ni'n eu cysylltu â'r meddwl oedd y galon.

Dywedir mai trwy geisio doethineb y ceir Duw; ac mai trwy gael Duw y ceir doethineb. Ceir y syniad mai Duw yw awdur doethineb yn aml yn yr Hen Destament. Dywedir mai Duw a roddodd ddoethineb i

Solomon i lywodraethu (1 Bren. 3:12); cafodd Daniel ganddo'r doethineb i ddehongli breuddwydion (gwe. Dan. 1:17; 2:23); ac yn ôl y proffwyd Eseia, Duw fu'n hyfforddi ac yn dysgu'r amaethwr i drin y tir fel ag i hau a medi yn eu tymor (Eseia 27:26). Roedd y Salmydd yn dyheu am gael dysgu doethineb yn y galon (Salm 51:6) er mwyn bod yn ddoethach na'i elynion (Salm 119:98). Ychwanega'r Pregethwr fod "Duw yn rhoi doethineb, deall a llawenydd i'r sawl sy'n dda yn ei olwg" (2:26), a haeriad cychwynnol Llyfr Ecclesiasticus yw mai "Oddi wrth yr Arglwydd y daw pob doethineb, a chydag ef y mae am byth' (1:1).

Unwaith eto pwysleisir y cysylltiad hanfodol rhwng doethineb a moesoldeb, a chyfeirir yn adnod 7 at yr 'uniawn' a'r rhai a 'rodia'n gywir', sef pobl sy'n gwneud yr hyn sy'n foesol iawn. Yr enghraifft odidocaf o'u bath yn yr Hen Destament yw Job (cymh. Job 1:1), ond nid oedd ef yn ddibechod. Dywed Job ei hun na all neb gyfiawnhau ei hun gyda Duw (Job 9:2). I'r uniawn, fe rydd Duw 'graffter', sef y gallu i ymdopi â helyntion bywyd. Bydd hwnnw fel tarian i'w amddiffyn. O'r herwydd, diogelir llwybr eu byw gan ei fod yn gyfiawn, a chaiff ffordd y ffyddloniaid ei gwarchod (adn. 8). A bod yn fanwl gywir, partneriaid y cyfamod yw'r 'ffyddloniaid', a chariad cyfamodol yw ffyddlondeb. Yn ôl y Gyfraith a'r Proffwydi, yr oedd Duw wedi gwneud cyfamod â'i bobl, ac er nad oes brin gyfeiriad at hynny yn Llyfr y Diarhebion, dyma un eithriad amlwg.

Cymhwyso
Mae'n amlwg o Lyfr y Diarhebion mai canfod ac ystyried yw un o ffynonellau doethineb, ac y mae hynny'n cyd-daro yma â'r pwyslais ar yr ymdrech a'r ddisgyblaeth sydd eu hangen i'w hennill. Nid eiddo'r didaro a'r penchwiban mohoni. Ystyrier y darlun hwn o bennod 24:

"Euthum heibio i faes un diog,
ac i winllan un disynnwyr,
a sylwais eu bod yn llawn drain,
a danadl drostynt i gyd,
a'u mur o gerrig wedi ei chwalu.
Edrychais arnynt ac ystyried;
a sylwais a dysgu gwers:
ychydig gwsg, ychydig hepian,
ychydig blethu dwylo i orffwys,
a daw tlodi atat fel dieithryn creulon,

ac angen fel gŵr arfog" (24:30–34).

Ond nid mater o synnwyr cyffredin yw doethineb, er hynny, oherwydd pwysleisir hefyd mai rhodd Duw ydyw. Efallai fod i'r gair 'gorchmynion' yn adnod 1 flas cyfeiriad at y Gyfraith yr oedd yr Iddewon mewn gwirionedd yn ei hystyried yn fwy fel 'cyfarwyddiadau' na gorchmynion pendant. Nid gormod yr honiad ychwaith fod yn rhaid ceisio doethineb yn weddigar. Ac er na ddywedir hynny'n eglur yma, fe gofir, fod Duw nid yn unig wedi rhoi doethineb i'r brenin Solomon i lywodraethu'n ddoeth, ond ei fod hefyd wedi rhoi doethineb i'r brenin ifanc i ymdeimlo i'r byw â'r cyfrifoldeb a osodwyd arno, a gweddïo am ddoethineb (1 Bren. 3:7-9; cymh. Doeth. 8:21; 9:4).

Os mai yn y cefndir, megis, y mae ymwybyddiaeth Llyfr y Diarhebion o ysbrydoledd, ni ellir gwadu ei fod yno. Mae un esboniwr yn awgrymu mai'r rheswm pam na cheir yma gyfeiriad at weddïo am ddoethineb yw bod yr awdur yn ofni rhoi'r argraff y gellid cael doethineb trwy ofyn amdani. Rhaid cadw ynghyd yn gyson yn y bywyd Cristnogol y pwyslais ar ymdrech a gweddi, a da cadw mewn cof yr hen ddihareb Lladin sy'n mynnu mai gwaith yw gweddi ac mai gweddi yw gwaith (*Orare est laborare, laborare est orare*).

Y mae'r syniad fod Duw'n rhoi doethineb i'w gael yn y Testament Newydd hefyd. Yn Llythyr Cyntaf Iago dywedir; 'Ac os oes un ohonoch yn ddiffygiol mewn doethineb, gofynned gan Dduw ac fe'i rhoddir iddo, oherwydd y mae Duw yn rhoi i bawb yn hael heb ddannod.' (1:5).

Cymharer hefyd haeriad Paul yn y Llythyr at y Philipiaid: "Gan hynny, fy nghyfeillion annwyl, fel y buoch bob amser yn ufudd, felly yn awr, nid yn unig fel pe bawn yn bresennol, ond yn fwy o lawer gan fy mod yn absennol, gweithredwch mewn ofn a dychryn, yr iachawdwriaeth sy'n eiddo i chwi; oblegid Duw yw'r un sy'n gweithio ynoch i beri ichwi ewyllysio a gweithredu i'w amcanion daionus ef" (2:12–13).

Trafod

A oes gwerth o hyd i ddysgu adnod neu emyn?

Mewn oes sydd am gadw meddwl agored am bob dim ni cheir byth argyhoeddiad.

Ystyriwch y berthynas rhwng synnwyr cyffredin a doethineb.

A gytunwch mai rhoddion Duw yw mawrion bethau'r Ffydd, ond bod rhaid ymdrechu i'w hennill?

Gwers 6
Rhaid wrth amddiffyn (Diar. 2:9 – 22)

Wedi cyflwyno apêl i'r bachgen wrando, a'i annog i ymdrechu i ennill doethineb, a'i sicrhau mai rhodd Duw ydyw er bod yn rhaid gweithio amdani, mae'r tad yn awr yn troi i bwysleisio y bydd doethineb o'i chael yn amddiffynfa i'r hogyn. A dyna'n sicr rywbeth y mae arnom oll ei angen - amddiffynfa rhag drygioni. Yn aml iawn, ceisiwn adfer y sefyllfa wedi i ddrygioni ein goddiweddyd; ond y mae'r hyn sy'n wir ym maes meddygaeth yn wir hefyd gyda golwg ar agweddau moesol bywyd - llawer gwell yw atal nag adfer. Gwell atal drygioni, gwell ymwrthod â themtasiwn, gwell osgoi drwgweithred na cheisio ymdopi â chanlyniadau erchyll hynny.

Y mae doethineb hefyd yn peri dealltwriaeth foesol a gwerthfawrogiad o gyfiawnder a barn ac uniondeb, sef prif drawstiau moesoldeb yr Iddew. Yn wir, bron na ellir dweud fod y ddealltwriaeth hon yn gyfystyr â chydwybod – mae doethineb yn creu cydwybod dda ac yn gosod rhywun ar y llwybr iawn, wrth iddi ennill bryd y sawl sy'n gwrando arni a chreu hyfrydwch yn y meddwl.

Y mae 'pwyll' a 'deall' (adn. 11) yn cyfleu'r syniad o ddirnad yn gywir, a'r gallu i ragweld canlyniadau gweithredu mewn modd arbennig. Dyna fydd yn cadw'r bachgen yn ddiogel rhag crafangau drygioni a'r rhai y dichon eu geiriau esmwyth ei ddenu.

Sylwyd eisoes fod ymwneud â phobl ddrwg yn arwain i ddinistr (1:10–19). Pwysleisir yma eto fod y rhai a fyn ddenu'r bachgen, nid yn unig yn dweud neu'n cyflawni drwg, ond yn cael mwynhad a phleser o hynny (adn.14). Yn wir, mae'r gair a gyfieithir fel 'drwg/drygioni' yn adnodau 12 a 14 yn cyfleu arlliw o rywbeth gwyrdröedig, ac y mae'n perthyn i ferf sy'n golygu 'gwyrdroi', neu 'droi yn erbyn'. Ceir sawl enghraifft ohono yn Llyfr y Diarhebion (e.e. 6:14; 8:13; cymh. yr unig enghraifft a geir yng ngweddill yr Hen Destament, sef Deut. 32:20). Y mae'r 'drwg' hwn yn groes i ffyddlondeb ac i gyfiawnder, ac yn sawru o'r hyn sy'n eu gwyrdroi a'u hystumio. Gwneud drwg yn yr ystyr hwn, felly, fyddai dweud neu wneud rhywbeth cwbl groes i orchmynion Duw gan eu gwyrdroi a'u tanseilio.

Gwelir thema'r 'wraig ddieithr' eto'n ddiweddarach yn Llyfr y Diarhebion, a digon am y tro fydd sylwi fod ei pherygl ymhlyg yn ei geiriau. Temtres ydyw, a chaiff ei chyfri'n 'ddieithr' neu'n 'estron', nid am ei bod yn perthyn i genedl arall, ond am ei bod yn byw y tu draw i bob confensiwn moesol a gorchymyn cyfreithiol. Bu'n anffyddlon i addewidion ei phriodas ei hun, a thrwy gyflawni godineb torrodd ei chyfamod â Duw – awgrym sicr mai Iddewes ydoedd. Ei phrif atyniad yw ei geiriau dengar a'i hapêl gorfforol, a rhybuddir na fydd ymwneud â hi ond yn arwain i farwolaeth a byd o gysgodion. Dywedir fod ei thŷ yn "gwyro at angau" (adn. 18): awgrym sicr y bydd ei drygioni yn effeithio ar bawb a ddaw i gyswllt â hi.

Mor wahanol fydd tynged y rhai cyfiawn a chywir (adn. 21). Cant hwy aros yng Ngwlad yr Addewid a byw ynddi (cymh. Gen. 17:8), ond cael eu torri ymaith a'u diwreiddio fydd hanes y drygionus (adn. 22). Nid yw'r syniad o'r tir fel y cyfryw yn rhan bwysig o feddylfryd a diwinyddiaeth Llyfr y Diarhebion, ond y mae'n syniad cyfarwydd iawn yn Llyfr Deuteronomium, ac y mae'r bygythiad i'r genedl o gael ei diwreiddio o'r tir yn un brawychus (cymh. Deut. 28:63).

Cymhwyso
Mae'r haeriad y bydd y da'n llwyddo a drygioni'n arwain i ddinistr yn un o egwyddorion canolog Llyfr y Diarhebion. Creodd yr haeriad hwn gryn benbleth a gwewyr yn yr Hen Destament i gymeriadau megis Job, a wrthododd gyngor ei gyfeillion oedd yn mynnu dehongli'r fath egwyddor yn haearnaidd wrth ddadlau bod Job wedi dioddef oherwydd iddo bechu.

Gydag amser, datblygodd ymhlith yr Iddewon y syniad o fywyd tragwyddol, a bod barn ac unioni cam i ddod mewn byd arall. Ond nid oedd ymwybyddiaeth felly wedi datblygu erbyn cyfnod llunio Llyfr y Diarhebion. Er y gellid honni fod gwneud daioni yn dwyn ei wobr ei hun, a'r sawl sy'n hau gwynt yn siŵr o fedi corwynt, mae'n rhaid bod yn ochelgar a gofalus iawn wrth ddehongli'r Ysgrythur sy'n dweud bod y da yn sicr o lwyddo a'r drwg yn siŵr o fethu. Arall yw profiad y byd hwn yn aml. Ac mor bwysig cofio hynny a chydio yn yr argyhoeddiad a fynegwyd gan Charles Wesley, sydd y tu hwnt i unrhyw gysyniad o wobr neu gosb. Pwysleisiodd ef mewn emyn y ceisir gwneud ewyllys Duw

"nid rhag ofn y gosb a ddel,
nac am y wobr chwaith;
ond gwir ddymuniad llawn
dyrchafu cyfiawn glod
am iti wrthyf drugarhau
ac edrych arna' i erioed." *(Caneuon Ffydd, 752)*

Yng nghanol bywyd bob dydd, fodd bynnag, diau mai un o wersi cyntaf bywyd yw bod i bob gweithred ei heffaith ac i bob dim a wnawn ei ganlyniad. Ond er rhybuddio a rhybuddio, nid yw ein hymateb i hynny bob amser yn unol â'r disgwyl. Buom oll yn euog o wneud rhyw bethau a all beryglu ein hiechyd neu fygwth ein diogelwch, ac nid yw apêl oer at reswm yn ddigon bob amser i'n hargyhoeddi o'n ffolineb. Rhaid wrth benderfyniad ac argyhoeddiad i newid ein ffyrdd, a diau mai rhan o wewyr y tad yma yn Llyfr y Diarhebion yw'r sylweddoliad y dichon y mab anwybyddu ei gyngor a'i rybuddion, er gwaethaf ei daerineb a'i apêl at reswm a synnwyr.

Diau fod y gwewyr hwnnw wedi ei ddwysau gan yr ymwybyddiaeth y ceir unigolion mewn cymdeithas sy'n ymhyfrydu mewn gwneud drygioni. Nid elw bras drwgweithredu sy'n eu denu a'u cymell fel y cyfryw, ond y wefr a gânt o wneud yr hyn sy'n ddrwg. Ac o weld y wraig ddieithr yn cael ei gosod yma yng nghyd–destun pobl felly, cyfyd cwestiwn difrifol ynghylch pwyslais ein cymdeithas heddiw ar rywioldeb. Mewn diwylliant sydd i bob golwg wedi rhoi penrhyddid i'r wraig hon demtio a denu, onid yw'n amlwg i ninnau bellach fod "ei thŷ yn gwyro at angau, a'i llwybrau at y cysgodion"?

Trafod
Gwell atal nag adfer – a yw pwyslais ein cymdeithas yn iawn?

A yw rhybuddio yn gweithio?

Pa mor hawdd yw hybu pwyslais iach ar rywioldeb?

Ystyriwch emyn T. Eirug Davies – Rhif 782 yn *Caneuon Ffydd*.

Gwers 7
Canlyniadau doethineb (Diar. 3:1–12)

Duw yw canolbwynt sylw'r adran hon. Yn hyn o beth, mae'n wahanol i fwyafrif y gwaith, sydd i bob golwg yn fwy ymarferol ei naws, er bod yr ymwybyddiaeth o bwysigrwydd ofni'r Arglwydd yn gefndir cyson i'r cwbl.

Y mae dilyn yr Arglwydd, meddir, yn dwyn bendith a chyfoeth, ond gall Duw geryddu yn ogystal â bendithio. Pwysleisir na ddylai'r mab anghofio'r hyn a ddywed ei dad. Ac awgrymir mai cyfrifoldeb pobl yw byw yn foesol a duwiol, ac mai ymateb Duw fydd bendithio ei addolwyr â heddwch, cyfoeth a hir ddyddiau.

Tybia rhai esbonwyr fod 'cyfarwyddyd' a 'gorchmynion' y tad (adn. 1) yn seiliedig ar y Gyfraith Iddewig, a dylid cofio yr ystyrid y Gyfraith yn fwy na rheolau neu orchmynion a'i bod yn cael ei dirnad fel cyfarwyddiadau a roddai arweiniad a chyfeiriad i fywyd. O'r Gyfraith y codwyd gorchmynion y tad. Ac felly, dylent fod yn fwyd a diod i'r bachgen, ac wedi eu hysgrifennu ar lech ei galon (adn. 3, cymh. Jer. 17:1, 31:33) gan ennyn ei ufudd–dod a rheoli ei gymhellion. O'u cadw, gellid disgwyl i'r bachgen dan amgylchiadau cyffredin fyw'n hirach na'r rhai oedd yn eu hanwybyddu, ac yr oedd bywyd hir yn arwydd i'r Iddew o fendith Duw (cymh. Deut. 5:33). Ond nid meithder ynddo'i hun oedd yn cyfrif ychwaith, gan nad oedd bywyd hir, llawn helynt yn rhywbeth i'w drysori. Na, nod amgen y bywyd a fendithiwyd oedd llwyddiant, ffyniant neu lawnder. Bywyd ag iddo ddyfnder ac ystyr fyddai, yn hytrach na bodolaeth hir ac arwynebol.

Y mae teyrngarwch a ffyddlondeb (adn.3) yn nodweddu bywyd o ufudd–dod, a chant eu cydio ynghyd yn aml yn Y Beibl. Golyga 'teyrngarwch' (*chesed*) 'gariad cyfamodol', sy'n cyfateb i'r hyn a elwir 'gras' yn y Testament Newydd, ac fe'i nodweddir gan benderfyniad Duw i beidio â gadael ei bobl, er gwaethaf eu hanffyddlondeb. O'i dadogi ar bobl, gall olygu'r ffyddlondeb (cymh. Hos. 6:4) neu'r defosiwn (Jer. 2:2) y mae hynny'n ei beri ynom; ond yn fwy cyffredin, golyga'r natur driw neu garedig y dylem ddangos at ein gilydd (Salm 109:16; Hos. 4:1; Mic. 6:8).

Caiff y bachgen ei annog i rwymo teyrngarwch a ffyddlondeb am ei wddf. Dyma'r unig anogaeth i rwymo rhywbeth am y gwddf a geir yn Y Beibl cyfan, ac efallai mai'r hyn sydd y tu ôl i'r anogaeth oedd yr arfer o gyfeirio at anufudd-dod fel ystyfnigo neu galedu gwar (cymh. Jer.7:26). Adlewyrchu cariad Duw wrth ymwneud â phobl eraill yw'r syniad sylfaenol yma, felly; drwy hynny ceir "ffafr ac enw da yng ngolwg Duw a dynion" (adn. 4).

Mae'r anogaeth i ymddiried yn Nuw yn mynd law yn llaw â'r rhybudd i beidio â rhoi ein ffydd yn ein hadnoddau ein hunain. Rhaid ymagweddu'n iawn tuag at yr adnoddau hynny, gan gofio'r un pryd ein bod yn fodau cyfrifol sy'n gorfod dewis yn gyson beth i'w wneud a sut i weithredu. Nid yw'r tad yma'n bychanu dim ar y rheidrwydd hwnnw, ond os bydd y mab yn meithrin agwedd gywir tuag at ei alluoedd, gan beidio â dibynnu ar ei ddeall ei hun yn hytrach nag ar arweiniad Duw, dylai hynny ei gadw o afael drygioni, a'r canlyniad fydd bywyd iach a llawn egni.

Unwaith eto, fodd bynnag, ni ellir cymryd yr haeriad hwn fel addewid. Awgrym sydd yma, os bydd popeth arall mewn bywyd yn gyfartal, y gellir disgwyl i'r bachgen gael bywyd llawn o roi sylw dyladwy i arweiniad yr Arglwydd. Y mae yma, felly, gymhelliad cryf dros wneud yr hyn sy'n iawn.

Dangosir agwedd gywir at Dduw gan barodrwydd i anrhydeddu'r Arglwydd â chyfoeth (adn. 9), a cheir awgrym y bydd gwneud hynny'n peri cynnydd mewn cyfoeth yn hytrach na lleihad! Mewn gwlad amaethyddol yr oedd cnwd toreithiog yn arwydd o ofal rhagluniaethol Duw (gwe. Deut. 8:7-10; 11:9-15), ond y perygl o hyd oedd anghofio'r Arglwydd a thadogi'r llawnder ar allu dynol. Dyna gamgymeriad yr ynfytyn cyfoethog yn un o ddamhegion Iesu (Luc 12:16-21). Felly, arferiad yr Iddew er mwyn cydnabod ei ddibyniaeth lwyr ar Dduw oedd cyflwyno blaenffrwyth y cynhaeaf i'r Arglwydd (Deut. 26:1-11). A gwneid hynny pan oedd yr ysguboriau'n llawn. Hawdd chwilio am gymorth pan fyddwn mewn angen; y gamp yw cydnabod haelioni a dibyniaeth pan fyddwn ar ben ein digon. Yn olaf, ceir rhybudd y bydd Duw'n disgyblu'r rhai y mae yn eu caru, a bod hynny'n arwydd o'i ffafr a'i ras. Dyfynnir amrywiad ar y geiriau hyn yn y Llythyr at yr Hebreaid (12: 5-6), ac yno'n dilyn ceir yr haeriad fod Duw yn ein disgyblu "er ein lles, er mwyn inni allu cyfranogi o'i sancteiddrwydd ef", a bod disgyblaeth yn y diwedd yn dwyn "heddychol gynhaeaf cyfiawnder i'r rhai sydd wedi eu hyfforddi ganddi" (gwe. adn. 10-11).

Cymhwyso

Galwad i fod yn ffyddlon sydd yn yr adran hon, ac y mae'n werth sylwi ei bod yn cael ei chyfeirio, nid at ddieithriaid ond at rai sydd eisoes yn adnabod Duw. Mor hawdd yw gweld yr angen am efengylu'r di-dduw heb gofio anogaeth y Salmydd, "Ymddiriedwch ynddo bob amser, O bobl, tywalltwch allan eich calon iddo" (Salm 62:8).

Y mae i'r gair Hebraeg am 'ymddiried' berthynas agos â dau air arall sef 'diogelwch' (cymh. 1:33) a 'hyder' (cymh.14:26). Ni fydd hunanhyder yn ddigon i'w cyflenwi ac ni thâl dim llai nag ymddiriedaeth lwyr yn Nuw i'n cynnal yng nghanol helyntion bywyd. Mewn oes a welodd gymaint o gynnydd mewn gwyddoniaeth a thechnoleg nid yw'n hawdd bellach ymostwng a chydnabod dibyniaeth ar y Goruchaf. Ond ceir o hyd rai achlysuron pan fydd bywyd yn dod â phobl i ben eu tennyn, a'r gamp yw ymddiried cyn i hynny ddigwydd. Profodd cenedlaethau gynt gynhaliaeth yr Arglwydd, ac y mae profiad eraill o hynny i'w ystyried yn ganllaw sicr;

"Ystyriwch y cenedlaethau gynt a daliwch sylw:
Pwy erioed a ymddiriedodd yn yr Arglwydd a chael ei siomi?
Neu pwy erioed a arhosodd yn ei ofn ef a chael ei wrthod?
Neu pwy erioed a alwodd arno a chael i'r Arglwydd ei ddiystyru?"
(Eccles. 2:10)

Rhaid nodi y gall ymddiried yn Nuw yng nghanol digonedd ymddangos yn ddiangen, ac ymddiried ynddo mewn cynni ymddangos yn amhosibl. Dyna pam y mae meithrin ymddiriedaeth gyson mor bwysig. Arwydd ohoni, ac arwydd o ansawdd ffydd y credadun yn gyffredinol, yw haelioni. Ond y mae mwy yma nag anogaeth i fod yn hael wrth yr

Achos! Y mae'r ffordd y defnyddiwn ein hadnoddau yn gyffredinol yn dweud rhywbeth am ansawdd ein bywyd crefyddol.

Yn olaf, dylid ystyried yr haeriad bod ymddiriedaeth yn dwyn ei gwobr yng nghyd–destun geiriau Mathew am ofal Duw am adar yr awyr a lili'r maes (6:25–34), a phwyslais Paul ar gymorth Cristnogion i'w gilydd (gwe. 2 Cor. 6–8; Phil. 4: 14–19).

Trafod
Er gwaethaf y cynnydd mewn gofal meddygol a safon byw ni ystyrir hir ddyddiau yn fendith yn aml. Beth sy'n rhoi dyfnder ac ystyr i fywyd?

Pa mor hawdd yw ymddiried yn Nuw?

Beth a ddywed y modd y defnyddiwn ein cyfoeth am ein ffydd?

Ym mha fodd y gall dioddefaint fod yn adeiladol?

Gwers 8
Canmol doethineb (Diar. 3:13–35)

Yma disgrifir nodweddion doethineb a'r budd sy'n deillio ohoni. Unwaith eto personolir doethineb fel gwraig, ac esbonnir ym mha fodd y mae'n bendithio'r rhai sy'n dod o hyd iddi, er mwyn annog pobl sydd eto i gychwyn chwilio amdani i wneud hynny.

Mynegir gwerth doethineb trwy gyfres o haeriadau cyfochrog sy'n dweud ei bod yn fwy gwerthfawr nag aur ac arian a gemau (adn.14–15). Ceir enghraifft odidog o'r un agwedd yn Llyfr Job (pennod 28). Dywedir yno fod aur ac arian yn hynod o werthfawr am fod angen ymdrech fawr i ddod o hyd iddynt a'u cloddio o'r ddaear. Mae'n anodd dod o hyd i ddoethineb hefyd; ond yn fwy na hynny, ni all neb gael gafael arni drwy ymdrech a deall, gan mai Duw sy'n ei rhoi.

Cysylltir doethineb unwaith eto â hir ddyddiau (adn. 16–18) gan ei bod yn rhoi dirnadaeth o'r byd ac o fywyd, i arbed pobl rhag syrthio i berygl a allai fygwth eu bywyd neu ddifetha eu henw da. Efallai fod darluniau o Ma'at, y dduwies Eifftaidd a ddynodai drefn gywir a gwirionedd, y tu ôl i'r darlun o ddoethineb yn dal hir oes yn ei llaw dde a chyfoeth ac anrhydedd yn ei llaw chwith (adn. 16), oherwydd fe gai hi ei darlunio'n dal symbol o hir oes mewn un llaw a symbol o gyfoeth ac anrhydedd yn y llall. I'r Iddew, cysylltid y chwith â phethau is eu gwerth (cymh.. Math 25:33), ac onid oes yn y darlun yma, felly, awgrym o'r hyn a ddylai gael blaenoriaeth?

Y mae'r cyfeiriad at gyfraniad doethineb i'r Creu (adn. 19–20, cymh. 8:22–23) yn pwysleisio nad damwain yw'r greadigaeth ond bod ynddi drefn o ganlyniad i ddoethineb. Yn ddiweddarach cyfeirir at ddoethineb yn adeiladu tŷ (24:3–4) a bu i ysgolheictod gysylltu hynny â'r cyfeiriad at adeiladu'r tabernacl (Ex. 31:1–3) a theml Solomon (1 Bren. 7:14), a hynny oherwydd y cyfeirir yno hefyd at ddoethineb a deall.

Anogaeth tad i'w fab i ddal gafael ar graffter a phwyll, a disgrifiad o ganlyniad hynny sy'n dilyn (adn. 21–27), ac yna ceir cyfres o waharddiadau sy'n dangos sut y dylid byw yn graff a phwyllog (adn.24–

31). Daw'r bennod i ben gyda phedair cymhariaeth (adn. 32–35) sy'n tanlinellu canlyniadau ynfydrwydd a gwobrwyon doethineb. Gan fod craffter yn awgrymu'r gallu i ymdopi ag anawsterau bywyd, a phwyll yn cyfleu'r medr i ddirnad a rhagweld canlyniadau, yr awgrym yw y dylai hynny fod yn ffordd o fyw i'r bachgen. Y canlyniad fydd y diogelwch sy'n meithrin hyder, ac y mae'r cyfeiriad at gwsg melys (adn. 24) yn arbennig o drawiadol gan mai yn ystod oriau cwsg yr ydym ar ein mwyaf diamddiffyn. Ond ni raid i'r sawl sy'n dilyn doethineb bryderu.

Sicrhau cymdeithas dda yw'r cymhelliad tu ôl i'r gwaharddiadau, ac y mae'r rhain eto'n tarddu o ddoethineb. Dylid bod yn fyw i anghenion cymdogion, ac awgrymwyd mai'r rhybudd hwn rhag gwrthod cymwynas i gymydog a'i annog i ddychwelyd rywbryd arall oedd y cefndir i ddysgeidiaeth Iesu am y rheidrwydd i ddal ati mewn gweddi (Lc. 11: 5–8). Bydd cynllunio drwg yn hybu amheuaeth o fewn y gymuned ac yn tanseilio pob ymddiriedaeth, a chyhuddiadau di–sail yn lladd cymdeithas dda. Ni ddylid cenfigennu wrth rai sydd i bob golwg yn llwyddo trwy ddrygioni, oherwydd y mae Duw yn eu ffieiddio ac yn eu melltithio. Ond bydd ei ffafr ar y gostyngedig, ac yn wahanol iawn i'r ffyliaid a gaiff "bentwr o warth" (adn. 35), caiff y doeth anrhydedd.

Cymhwyso

Mae geiriau cyntaf yr adran hon yn ein hatgoffa o'r Salm gyntaf ac o'r Gwynfydau (Math. 5:3–12), ac yn tanlinellu'r llawnder bywyd y mae doethineb yn ei roi. Yn adnod 17, dywedir bod 'heddwch' ar holl lwybrau doethineb, a chofiwn i'r gair Hebraeg a ddefnyddir yma (*shalom*) ddod yn rhan o'n geirfa ninnau bellach wrth i lawnder ac ansawdd bywyd ddod yn bwysicach yng ngolwg llawer.

Er bod sôn yn yr adnodau hyn am elw a chynnyrch a gwerth doethineb (adn. 14-15), y neges waelodol yw bod gwir ddedwyddwch yn tarddu nid o arian a chyfoeth daearol ond o ddoethineb, sy'n rhodd Duw. Ni chaiff bendithion tymhorol eu diystyru, fodd bynnag, a phwysleisir y cyswllt pendant sydd rhwng doethineb a hir oes a chyfoeth. Ond yr un yw hanfod y drafodaeth hon a neges Iesu yn y Bregeth ar y Mynydd: "Ond ceisiwch yn gyntaf deyrnas Dduw a'i gyfiawnder ef, a rhoir y pethau hyn i gyd yn ychwaneg i chwi" (Math. 6:33).

Taith yw doethineb, a gellir disgwyl y bydd i'r sawl sy'n gwrando ac yn ymateb dyfu mewn doethineb a meithrin agwedd iach at fywyd. Fodd bynnag, ni ddigwydd hynny'n ddidaro, ac y mae'r anogaeth i 'ymaflyd' yn y wraig hon a 'glynu' wrthi (adn. 18) nid yn unig yn pwysleisio'r penderfyniad a'r angerdd sydd ei angen er mwyn cael gafael ar ddoethineb. Gwelodd un esboniwr fod y ddelwedd ei hun hefyd yn sawru o rywioldeb - agwedd na fyddai wedi mynd i golli ar y glaslanc y mae'r tad yn ceisio ei ddysgu!

Yn olaf, mae'n werth nodi y dywedir fod doethineb yn ymwneud yma, nid yn unig â mawrion bethau'r Creu, ond hefyd â manion bethau byw bob dydd. Adlewyrchir rheol euraid Iesu yn y rhybuddion ynglŷn â'r ffordd i ymdrin â chymydog: "Pa beth bynnag y dymunwch i eraill ei wneud i chwi, gwnewch chwithau felly iddynt hwy" (Math. 7:12). Rhaid bod yn barod i gynorthwyo mewn ffordd ddibynadwy a chyfeillgar os am hybu cymdeithas dda. Ac mewn cyfnod y dywedir yn aml fod cymunedau'n ymddatod a chymdeithas yn diflannu, onid oes yma rybudd ac anogaeth amserol i bawb ohonom?

Trafod
Ystyriwch emyn 274 yn *Caneuon Ffydd* yng nghyd–destun yr adran hon.

Beth sy'n gwneud cymdeithas dda? A oes gan y ddealltwriaeth Gristnogol rywbeth unigryw i'w gynnig yn y cyd–destun hwn?

Shalom.
Beth a ddywed trefn y Cread wrthych am Dduw?

Gwers 9
O gam i gam ac o genhedlaeth i genhedlaeth (Diar. 4)

Ceir yn y bennod hon ddau bwyslais y mae'n werth sylwi arnynt. Yn gyntaf, mae hyfforddiant mewn doethineb yn cael ei drosglwyddo o genhedlaeth i genhedlaeth; ac yn ail, mae'n rhaid gochel rhag gadael llwybr doethineb a cholli gafael arni.

Yr oedd hyfforddiant y teulu'n hanfodol yn y gymdeithas Iddewig am na fyddai gan blant cyffredin yr hamdden na'r adnoddau i ddilyn addysg ffurfiol, ac am na chaed yn Israel unrhyw ysgolion elfennol hyd amser y Testament Newydd. Yn y cartref y cyfrennid addysg, a hynny'n bennaf gan y tad, a fyddai'n dysgu i'w fab sgiliau ymarferol yn ogystal â gofynion moesol a chrefyddol y genedl. Ni fyddai'r fam yn cyfrannu cymaint at addysg y bechgyn, a'i phennaf gorchwyl hi fyddai darparu hyfforddiant addas i'w merched ar gyfer cadw tŷ a bod yn wragedd medrus.

Yn y cyfeiriad at blant yn adnod 1 gwelodd rhai esbonwyr arlliw o gyd–destun ysgol, ond nid oes rhaid derbyn hynny. Pwyslais y tad yw ei fod, fel athro, yn sefyll mewn llinach anrhydeddus, a'i fod yntau wedi derbyn gan ei dad yr un math o gyngor ag y ceisia ef ei gyfrannu i'w epil. Y mae anwyldeb yn ei eiriau, ac aiff rhagddo i ddyfynnu cyngor ei dad iddo. Ceir yr un pwyslais ar draddodiad teuluol yn y Gyfraith (gwe. Deut. 6). Ac meddai'r Salmydd:
"Fe roes ddyletswydd ar Jacob,
a gosod cyfraith yn Israel,
a rhoi gorchymyn i'n hynafiaid,
i'w dysgu i'w plant;
er mwyn i'r to sy'n codi wybod,
ac i'r plant sydd heb gael eu geni eto
ddod ac adrodd wrth eu plant;
er mwyn iddynt roi eu ffydd yn Nuw,
a pheidio ag anghofio gweithredoedd Duw,
ond cadw ei orchmynion;
rhag iddynt fod fel eu tadau
yn genhedlaeth gyndyn a gwrthryfelgar,

yn genhedlaeth â'i chalon heb fod yn gadarn
a'i hysbryd heb fod yn ffyddlon i Dduw" (Salm 78:5–8).

Y mae'r anogaeth i geisio doethineb a deall (adn. 7) yn dwyn arlliw o'r
rheidrwydd i dalu'r pris amdani: dyma'r pennaf peth, ac y mae'n werth
rhoi'r cyfan i'w chael.

Mae ail hanner y bennod yn cydio eto yn nelwedd y llwybr: delwedd yr
ydym eisoes wedi sylwi arni. Y pwyslais yn awr, fodd bynnag, yw y
dylai'r sawl a gychwynnodd ar lwybr doethineb ddal ati a pheidio troi
oddi arno. Nid penderfyniad unwaith ac am byth yw cofleidio doethineb
(adn. 8), a rhaid glynu wrth addysg, heb ollwng gafael arni (adn.13).
Mae llwybr doethineb yn union (adn.11) a di–rwystr (adn. 12), a cheir
yr un pwyslais eto gan y Salmydd (gwe. Salm 18:36). Gwrthgyferbynnir
y llwybr union hwn â "ffordd pobl ddrwg" (adn.14), a dywedir am y
rheiny bod drygioni wedi mynd yn gymaint rhan o'u natur fel ei fod yn
fwyd a diod iddynt, a hwythau'n methu cysgu'r nos heb fod wedi baglu
rhywun (adn.16). Tra bod y goleuni'n cryfhau i'w anterth fel haul ganol
dydd ar lwybr y cyfiawn, y mae llwybr y drygionus fel tywyllwch dudew
a hwythau, gan na allant weld, heb wybod beth sy'n eu baglu (adn.19).
Mae'r ymadrodd 'tywyllwch dudew' (adn. 19) yn ein hatgoffa o'r
tywyllwch a orchuddiodd yr Aifft yn nyddiau Moses (Ex. 10:22) a
defnyddir y gair a geir yma gan y proffwydi mewn mannau eraill wrth
gyfeirio at ddydd yr Arglwydd (cymh. Joel 2:2; Am. 5:20). Gwneir
defnydd helaeth o ddelwedd tywyllwch a goleuni hefyd yn y Testament
Newydd (gwe. Ioan 1:4-5; 8:12; 11:9-10; Ef. 5:8-14; 1 Pedr 2:9), a
chofiwn eiriau Llythyr Cyntaf Ioan: "Y sawl sy'n dweud ei fod yn y
goleuni ac yn casáu ei gyd-aelod, yn y tywyllwch y mae o hyd. Y
mae'r sawl sy'n caru ei gyd-aelod yn aros yn y goleuni, ac nid oes dim
ynddo i faglu neb. Ond y sawl sy'n casáu ei gyd-aelod yn y tywyllwch
y mae, ac yn y tywyllwch y mae'n rhodio, ac nid yw'n gwybod lle y
mae'n mynd, am fod y tywyllwch wedi dallu ei lygaid" (1 Ioan 2:9-11).
Daw'r bennod i'w therfyn gydag anogaeth i'r mab ddal ati (adn. 20–
27), a phwysleisir y bydd angen iddo roi pob gewyn ar waith er mwyn
sicrhau hynny. Tanlinellir y neges gyda chyfeiriadau at amrywiol
rannau'r corff, a'r gobaith yw y bydd y bachgen yn cofleidio doethineb
ac yn ymroi â'i holl egni i'w dilyn. Y mae'r gorchymyn iddo edrych ar ôl
ei feddwl (adn. 23, ei galon yn llythrennol), a ystyrid fel tarddle bywyd,

yn ei gwneud yn amlwg nad cydymffurfio arwynebol â gofynion doethineb yw'r gofyn, ond ymroddiad llwyr iddi.

Cymhwyso

Ystyrir addysg dda yn anhepgorol i bob plentyn bellach, ac o'r herwydd rhoddir sylw mawr ar y cyfryngau i ansawdd addysg mewn ysgolion. Aeth rhai i gredu y gall ysgol ddyddiol gyflenwi llawer o'r hyn a gyflawnid ar yr aelwyd ers talwm, a thra bod pob cynnydd mewn darpariaeth addysgol i'w chroesawu, perygl enbyd fyddai colli golwg ar gyfraniad y teulu.

Ar yr aelwyd, yn anad unman arall, y caiff cymeriad ei ffurfio, ac agweddau eu meithrin, a gwerthoedd eu trosglwyddo. Diau fod yr ymdeimlad o werth a pherthyn hefyd yn hanfodol i ddatblygiad iach pob plentyn, ac ofer trosglwyddo'r cyfrifoldeb am sicrhau hynny'n llwyr i'r ysgol ddyddiol. Yn Y Beibl, fodd bynnag, mae'r rhiant a'r athro yn siarad â'r un llais, ac nid oes modd eu gwahanu; ond heddiw mae'r nodyn crefyddol mewn perygl o ddiflannu o ambell ysgol, gwerthoedd Cristnogaeth weithiau dan lach y farn gyhoeddus, a'r hen gymdeithas unffurf ei chred a'i phwyslais wedi diflannu.

Wrth sefydlu'r Diwygiad Protestannaidd yn yr Alban bedwar cant a hanner o flynyddoedd yn ôl, mynnodd John Knox a'i ddilynwyr sefydlu ysgolion ym mhob cymdogaeth gan gredu bod rhaid wrth addysg i feithrin dirnadaeth a ffyddlondeb i'r Efengyl. Rhaid, meddent, oedd gosod yn nwylo'r werin wybodaeth iachus ac arfau cymwys i feithrin ffydd.

Efallai fod Llyfr y Diarhebion yn rhy syml ei olygwedd wrth rannu dynoliaeth gyfan yn bobl ddrwg a phobl dda, heb gydnabod mai cymysg iawn ydym oll mewn gwirionedd. Ond y tu ôl i'r agwedd sy'n gweld y byd felly y mae argyhoeddiad sicr na cheir ffordd ganol, a bod yn rhaid dewis, pa mor anodd bynnag fo'r dewis hwnnw, rhwng yr hyn sy'n iawn a derbyniol a'r hyn na ellir ei gymeradwyo.

Yn y Testament Newydd cysylltir y llwybr llydan â dinistr, a dywedir fod y llwybr cul yn arwain i fywyd (Math. 7:13–14). Ond pwysleisir yno, ac yma yn Llyfr y Diarhebion, fod yn rhaid wrth ymroddiad a phenderfyniad a dyfalbarhad i ddilyn y llwybr iawn.

Trafod

Pam y mae aelwyd sefydlog mor bwysig i hybu gwerthoedd iach ac osgoi problemau cymdeithasol?

Beth yw'r prif wahaniaeth rhwng dyletswydd rhieni a chyfrifoldeb ysgol wrth ddarparu addysg a hyfforddiant?

A yw'r anogaeth i ddewis y llwybr iawn yn rhy syml mewn byd cymhleth?

Beth sy'n magu ymroddiad?

Gwers 10
Rhybudd rhag godineb (Diar. 5)

Ceir pwyslais amlwg yn Llyfr y Diarhebion ar beryglon ymwneud â merched drwg. Yn rhan gyntaf y llyfr mae tair adran yn rhybuddio rhag ymroi i berthynas amhriodol y tu allan i briodas (5; 6:20–35; 7:1–27), a cheir amryw o ddywediadau bachog yn y penodau sy'n dilyn yn tanlinellu'r un neges (cymh. 22:14, 23:27, 30:20). Mae'n rhaid bod temtasiwn merched dieithr, nad oeddent yn byw yn unol â gorchmynion ac arferion y gymdeithas Iddewig, yn cael ei ystyried yn berygl einioes i wŷr ifanc. Caed pwyslais tebyg gan athrawon yr Aifft gyda golwg ar wŷr ifanc oedd â'u bryd ar yrfa lwyddiannus: ni all dim ddifetha gyrfa o'r fath yn gynt na pherthynas amhriodol oedd eu rhybudd, ond yma yn Llyfr y Diarhebion y mae'r drwg sy'n tarddu o'r fath berthynas yn llawer dyfnach a mwy difrifol.

Gellir crynhoi neges y tad yn y bennod hon trwy ddweud y bydd perthynas rywiol â gwraig y tu allan i briodas yn arwain at boen a thor calon, er gwaethaf pob addewid am fwyniant a bodlonrwydd. Ymroi i'w wraig ei hun yw dyletswydd y bachgen, a'i ddiogelwch; ac ni chaiff well amddiffynfa rhag temtasiwn nag ymroi yn llwyr iddi hi.

Mae'r anogaeth i'r mab wrando "er mwyn i'w wefusau ddiogelu deall" (adn.2) yn awgrymu mai o wrando a dilyn cyngor ei dad y bydd yn gallu siarad yn ddoeth, ond ceir yma hefyd awgrym mai trwy ymgadw rhag cusanu merched dieithr y bydd yn dilyn doethineb. Yn yr adnod nesaf dywedir fod "gwefusau'r wraig ddieithr yn diferu mêl" (cymh. Can. 4:11), sef cyfeiriad at ei geiriau sy'n "llyfnach nag olew" (cymh. 7:14-20). Er iddi geisio rhwydo'r gŵr ifanc gyda'i geiriau teg byddant mewn gwirionedd yn fwy chwerw na wermod. Credir mai planhigyn a adweinir wrth yr enw Lladin *Artemisia absinthium* oedd hwnnw, a'i fod nid yn unig yn chwerw ond hefyd yn farwol pe cai ei fwyta. Felly hefyd y wraig ddieithr, meddai'r tad wrth y bachgen: bydd ei phleser yn chwerw ac yn farwol yn y diwedd. Darlunnir hi fel gwraig ddi-hid a di-ddal sy'n anwybyddu llwybr bywyd ac yn prysuro ar ei phen i Sheol ar hyd llwybr sy'n arwain i farwolaeth (adn. 6).

Y mae'r saith adnod nesaf (7–14) yn pwysleisio'r rheidrwydd i ymgadw rhag temtasiwn, a disgrifir canlyniadau erchyll godineb. Bydd y gŵr sy'n ymostwng i hynny yn colli ei hunan barch, a pharch ei gymdogion (adn.9); bydd yn gwastraffu ei adnoddau materol a phersonol (adn.10); bydd yn edifar ganddo am ei ffolineb (adn. 12–13); a bydd yn dioddef gwaradwydd cyhoeddus (adn. 14). Yr awgrym sicr yw nad yw mwyniant y wraig estron gyfwerth â'r fath golled, a chofiwn fod doethineb yn ôl Llyfr y Diarhebion yn gallu rhagweld oblygiadau a dirnad effaith a rhagdybio canlyniad. Mae'n tarddu o ofn yr Arglwydd ac yn gweithredu gyda phwyll a gofal.

Wedi'r rhybuddion ceir anogaeth i'r mab ymroi i'w wraig, a cheir arlliw amlwg o rywioldeb yn nhrosiadau'r adran hon (adn. 15–19). Pwysleisir pleser a mwyniant rhywiol yn hytrach na had a llinach, ac mae'n werth nodi nad rhywbeth a gaiff ei oddef yn unig fel dull o genhedlu plant yw rhyw yn Y Beibl, ond peth a ddethlir ac a gymeradwyir rhwng gŵr a gwraig neu briodfab a phriodferch, fel yng Nghaniad Solomon. Y mae'r delweddau hyn sy'n ymwneud â dur yn mynegi'r boddhad a'r mwyniant y dylai gŵr ei gael o ymroi i'w wraig (adn. 15–18), a gwrthgyferbynnir hynny â'r gwastraff sy'n deilio o anffyddlondeb iddi (adn.16–17). Awgrymir nad yw ceisio pleser gyda gwraig ddieithr a "chofleidio estrones" (adn. 20) i'w gymharu â pherthynas gariadus gŵr a gwraig briod.

Daw'r bennod i ben gyda'r rhybudd fod Duw "yn gwylio ffordd pob un" (adn. 21), ac am hynny fe fydd cosb yn siŵr o ddilyn camymddwyn. Nid mater o hap a damwain fydd hynny, ond canlyniad ewyllys Duw. Beth bynnag y gosb, yr Arglwydd sy'n ei gweithredu.

Cymhwyso
Nid yw'n anodd gweld perthnasedd yr adran hon i'n dyddiau ni, â rhyw yn cael ei ystyried yn gyffredin fel adloniant ac yn cael ei ysgaru yn aml iawn oddi wrth unrhyw ymdeimlad o gariad ac agosrwydd. Gellir dadlau fod effaith hynny'n ddinistriol a phellgyrhaeddol, yn tanseilio parch ac yn hybu agweddau anghyfrifol a hunanol.

Dylid cofio hefyd na fu'r Eglwys bob amser mor gadarnhaol ei phwyslais ar ryw ag yw'r adran hon o Lyfr y Diarhebion. Tadogodd credinwyr diweddarach eu drwgdybiaeth o ryw ar yr Ysgrythur, gan iselhau a phardduo gweithgaredd sydd o'i iawn arfer yn dwyn bendith a mwyniant. Ni wyddys i ba raddau y bu i agwedd negyddol felly hybu gorbwyslais ar ryw ag obsesiwn ein diwylliant cyfoes â hynny, ond diau mai mewn cyd-destun aeddfed ac awyrgylch iach y dylid rhoi sylw i'r agwedd sylfaenol hon ar ein bodolaeth.

Y mae'r tad yma, fel y pwysleisiwyd eisoes, yn daer ei anogaeth i'r bachgen i osgoi temtasiwn pob gwraig ddieithr a ddichon ei ddenu. O safbwynt ein dyddiau ni, fodd bynnag, mae'n rhaid pwysleisio nad bai a ddichon berthyn i wragedd yn unig yw blys anghyfrifol am ymwneud rhywiol. Yn wir, bu i agwedd felly gael ei chymeradwyo mewn dynion yn aml, a rhaid osgoi'r hen demtasiwn o dadogi pob cwymp yn y maes yma ar fwyniant a natur hudol 'y rhyw deg'. Gall dynion fod yr un mor ddichellgar a chyfrwys yn ceisio eu dibenion eu hunain yn y maes hwn, a pheryglus iawn yw gwahaniaethu'n ormodol rhwng natur ddynol y gwryw a'r fenyw.

Yn olaf, y mae'n werth sylwi nad yw awdur yr adran hon yn caniatáu unrhyw eithriadau i'r rheidrwydd i beidio ag ymwneud â 'gwragedd dieithr'. Nid oes esgus digonol a ddichon gyfiawnhau hynny, a dyna hefyd oedd agwedd y Gyfraith. Perthynas iach gŵr a gwraig yw'r ddelfryd, ac wrth gymeradwyo hynny y mae'r tad am gadarnhau hefyd berthynas iach y mab gyda doethineb, sy'n cael ei phersonoli fel gwraig. Wrth ymwneud â doethineb yn y modd cywir, fel y dylai gŵr ymwneud â'i wraig ei hun, a'i charu a'i mwynhau, y daw'r bachgen hefyd i berthynas iawn â Duw

Trafod
Ystyriwch yr adran hon yng ngoleuni Gen. 2:23–24

Sut mae annog agweddau iach at rywioldeb?

Y mae'r ddelfryd Gristnogol o gyfyngu rhyw i briodas wedi methu, a rhaid symud efo'r oes a pheidio â phardduo'r hyn sy'n naturiol.

Rhamant sy'n cadw priodas yn iraidd.

Gwers 11
Dyled, diogi a drygioni (Diar. 6:1-19)

Mae gan Lyfr y Diarhebion lawer iawn i'w ddweud am fyd busnes, a darlunnir y gŵr busnes delfrydol fel un egwyddorol, cydwybodol a gweithgar nad oes arlliw o ddiogi ar ei gyfyl. Yn yr adran hon (adn. 1–5), fodd bynnag, trafodir un agwedd o fywyd bob dydd sy'n berthnasol iawn i ni bellach, sef dyled, ac yn arbennig yr arfer o fynd yn feichiau dros ddyled rhywun arall.

Nid oedd y Gyfraith yn caniatáu i Iddewon fenthyg arian ar log i Iddewon eraill (Ex. 22:25), ond dylid cofio mai cyd–destun y fath waharddiad oedd y rheidrwydd i fod yn hael wrth y tlawd a rhoi heb ddisgwyl dim yn ôl. Ar dro, y mae'r Gyfraith yn annog benthyg arian i gyd-Iddew mewn angen (Deut. 15:7–8) ond ni ddylid codi llog ar y benthyciad hwnnw, er y gellid hawlio rhywbeth yn warant ar ei gyfer (cymh. Ex. 22:26–27). Nid gwahardd benthyciadau fel y cyfryw a wneir yma felly, ond rhybuddio rhag peryglon sicrhau benthyciadau pobl eraill, a thanlinellu y dylai'r sawl a wnaeth hynny wneud popeth o fewn ei allu i ymddihatru o'r trefniant.

Nid oes raid gwahaniaethu'n bendant rhwng y 'cymydog' a'r 'dieithryn' yn yr adran hon, gan ei bod yn debygol mai er mwyn pwysleisio na ddylid sicrhau benthyciad unrhyw un y defnyddir y termau hyn. Nid yw'n hollol amlwg, fodd bynnag, beth yn union yw'r sefyllfa; ac awgrymodd un esboniwr mai'r cymydog yw'r un a roddodd y benthyciad, ac mai i afael hwnnw y byddai'r sawl a'i gwarantodd wedi syrthio. Dyna pam yr anogir y mab yn y sefyllfa ddychmygol y caiff ei hun ynddi i fynd ar ôl y cymydog. "Gwna beth bynnag sydd ei angen, a hynny ar frys" yw'r cyngor; ac y mae'r sefyllfa mor enbyd fel y dylai'r mab golli cwsg o'i hachos, a sylweddoli ei fod mewn cymaint o berygl ag ewig o flaen heliwr neu aderyn a gafodd ei ddal.

Fodd bynnag, mae'r adran nesaf (adn. 6–11) yn llawer nes atom o ran ei phwyslais. Condemnir y diogyn, ac y mae'n syndod cymaint o le a roddir i ddwrdio diogi yn Llyfr y Diarhebion (gw. 10:4–5, 26; 12: 24, 27;

13:4; 15:19; 18:9; 19:15, 24; 20:4, 21:25; 22:13; 24:30–34). Ni ellir dychmygu neb mwy ffôl na'r dyn diog, ac y mae'r condemniad ohono'n grafog a deifiol:

"Dywed y diog, 'Y mae llew ar y ffordd,
llew yn rhydd yn y strydoedd!'
Fel y mae drws yn troi ar ei golyn,
felly y mae'r diog yn ei wely.
Y mae'r diog yn gwthio ei law i'r ddysgl,
ond yn rhy ddiog i'w chodi i'w geg.
Y mae'r diog yn ddoethach yn ei feddwl ei hun
na saith o rai sy'n ateb yn synhwyrol" (26:13–16).

Ceir anogaeth i'r diogyn fynd a sylwi ar y modd y gweithreda'r morgrug. Nid oedd ganddynt i bob golwg arweinydd na rheolwyr, nid oedd rhaid eu harwain na'u cymell, ond yr oeddent yn casglu bwyd yn yr haf i'w cynnal dros y gaeaf. Er ein bod bellach yn gwybod y ceir hierarchaeth o fewn twmpath y morgrug, nid yw hynny'n mennu dim ar yr ergyd a geir yma: creaduriaid dinerth yw'r morgrug (cymh. 30:25), ond trwy eu diwydrwydd a'u hymroddiad maent yn sicrhau cynhaliaeth iddynt eu hunain. Dyna'n union na wna'r diog (cymh. 10:4-5), ac o'r herwydd mae'n ei roi ef ei hun a'i gymuned mewn perygl.

Drwy wawd a gormodiaeth, mae'r awdur yn cernodio'r diogyn yn y gobaith y bydd yn newid ei ffyrdd. Darlunnir ef yn gorwedd ac yn cysgu; yn anfoddog i godi o'i wely ac yn hepian. Rhybuddir y daw angen a thlodi ar ei warthaf yn ddisymwth, ac y mae'r delweddau o ddyn creulon a gŵr arfog (adn. 11) yn llawn bygythiad. Mae'r dyn diog i'w wrthgyferbynnu'n llwyr â'r gŵr gweithgar: gellir dibynnu ar ŵr felly, a daw ffrwyth o'i lafur, ond bydd y diogyn yn rhoi bywoliaeth pawb mewn perygl.

Daw'r adran hon i ben gyda disgrifiadau byw o nodweddion pobl ddrwg, a phwysleisir mai ffyliaid ydynt gan y byddant yn siŵr o fedi dinistr (adn.15). Disgrifir hwy gan gyfeirio at eu nodweddion corfforol. Mae ganddynt gegau cam, neu 'enau cyndyn' yn ôl yr Hen Gyfieithiad, a mynegir hynny yn y BCN Diwygiedig trwy ddweud eu bod yn "taenu geiriau dichellgar" (adn. 12). Ni ellir disgwyl dim oddi wrthynt ond celwydd, enllib a siarad gwag, ac y mae eu hymarweddiad a'u hystum yn adlewyrchu eu natur (adn. 13).

Anodd yw gwybod bellach beth yn union oedd arwyddocâd wincio, pwnio â throed a gwneud arwyddion â'r bysedd. Tybiodd rhai bod yma gyfeiriad at ddewiniaeth a swynion, ond mae'n fwy tebygol mai ceisio cyfleu eu bod yn gweithredu'n ddirgel a chyfrinachol a wneir, neu fod eu hymddangosiad allanol yn adlewyrchu eu natur dymhestlog ac anniddig. Y maent yn ddrwg yn eu hanfod. Sylwer fod adnod 14 yn cyfeirio at y galon, sef hanfod y bersonoliaeth, a dywed yr Hen Gyfieithiad am y drwgweithredwr yma fod 'pob rhyw gyndynrwydd yn ei galon'.

Y mae'r rhestr sy'n dilyn o'r chwe pheth sy'n gas gan Dduw a'r saith peth sy'n ffiaidd ganddo yn tanlinellu'r condemniad ar wneuthurwyr drygioni (gwe. adn. 16-19; cymh. 30:15-16, 18-19, 21-23, 24-28, 29-31). Mae'r patrwm cyfochrog yma yn atgyfnerthu'r condemniad ac yn ei bwysleisio mewn modd effeithiol iawn. Unwaith eto cyfeirir at rannau'r corff: llygaid balch, tafod ffals, dwylo gwaedlyd, calon ofer a thraed sy'n prysuro i wneud drygioni. Ychwanegir gau dystiolaeth a chreu cynnen rhwng perthnasau, heb nodi unrhyw gysylltiad corfforol, ac y mae'r rhestr gyfan yn cyfleu natur gymunedol y foeseg a gyflwynir drwy'r diarhebion. Ni ellid dychmygu fawr ddim gwaeth na rhoi camdystiolaeth a chreu cynnen rhwng perthnasau. Yr oedd pob cynnen yn ddrwg, ond cynnen rhwng perthnasau, boed o fewn teulu neu genedl, yn arbennig o niweidiol. Cofier geiriau'r Salmydd: "Mor dda ac mor ddymunol yw i bobl fyw'n gytûn" (gwe. Salm 133).

Cymhwyso

Mae'n anodd iawn i ni, mewn cymdeithas lle mae dyled a llog, meichiau a methdaliad yn gyffredin a derbyniol, lawn werthfawrogi agwedd ofalus Llyfr y Diarhebion at fenthyg arian a sicrhau dyled. Bu helyntion diweddar y banciau, fodd bynnag, yn rhybudd amserol rhag gorlwytho â dyled rai na allant hyd yn oed fforddio ad-dalu'r llogau, ac y mae pwyslais yr Hen Destament ar haelioni at rai mewn angen yn siŵr o fod yn dragwyddol berthnasol.

Yn anffodus, un o ganlyniadau anochel diogi weithiau yw tlodi, ac y mae'r sylweddoliad hwnnw'n cydio wrth y syniad ein bod yn bobl gyfrifol a ddylai allu diogelu eu dyfodol a sicrhau cynhaliaeth i'w teuluoedd a'u cymunedau trwy ddiwydrwydd a gweithgarwch. Mewn cyfnod cynharach, gydag economi llai cymhleth na'r eiddom ni, yr oedd llawer o wir, mae'n siwr, mewn honiadau felly. Ond bellach, gydag economi byd eang a dylanwad globaleiddio'n lluddias rhai rhag cael gwaith ac ennill bywoliaeth, dim ond un o amryw achosion tlodi yw natur ddiog. Diau, fodd bynnag, y deillia o ddiogi eto heddiw bopeth a gysylltai'r Diarhebion â'r aflwydd ddyddiau gynt: tlodi a newyn (cymh. 19:15), diffyg annibyniaeth (12:24), rhwystredigaeth (15:19) a hunan dwyll (26:16).

Y mae rhywbeth oesol hefyd yn perthyn i gondemniad Llyfr y Diarhebion ar ddrygioni. Yr hyn a aeth ar goll bellach efallai yw'r argyhoeddiad y bydd drygioni'n siwr o arwain i ddinistr.

Trafod
Nid yw haelioni'n ddigon – rhaid wrth economi gadarn i helpu'r tlawd.

Gallwn ddysgu llawer o sylwi ar fyd natur.

A oes perygl mewn gor-gondemnio diogi?

Lluniwch restr o'ch chwe cas beth, a rhowch y rheswm drostynt.

Gwers 12
Rhybudd eto rhag godineb (Diar. 6:20–35)

Er ein bod yn ail–gyffwrdd â thema a drafodwyd eisoes, mae'n werth rhoi sylw i'r adran hon, pe na bai ond am gyfoeth y delweddau a grym y mynegiant a geir yma.

Unwaith eto, crybwyllir ar y cychwyn fod y cyfarwyddyd yn tarddu o'r ddau riant, a bod yr anogaeth i'w thrysori trwy ei chlymu wrth y galon a'i rhwymo am y gwddf. Mae hynny'n ein hatgoffa o eiriau Llyfr Deuteronomium 6:6-8; 11:18-19; ac awgrymodd rhai esbonwyr fod y cyfarwyddyd hwn yn cael ei gynnig gydag awdurdod tebyg i awdurdod y Gyfraith. Yn sicr, caiff yr hyn a ddywedir ei gadarnhau gan y seithfed o'r Deg Gorchymyn: "Na odineba" (Ex. 20:14), ond mae'r ddadl a gynigir gan y rhieni dros ufuddhau i hynny'n sawru o bragmatiaeth ac yn apelio at synnwyr cyffredin. Y byrdwn yw bod canlyniadau ymwneud amhriodol â gwraig briod yn waeth na chanlyniadau ymwneud â phutain, ond bydd dysgeidiaeth y rhieni'n arweiniad diogel ac amddiffynfa sicr ac anogaeth gysurlon i'r bachgen (adn. 22).

Pwysleisir atyniad y wraig a ddichon ddenu'r bachgen, a chyfeirir at ei geiriau teg a'i hedrychiad awgrymog a'i phrydferthwch, ond ni ddylai'r bachgen ei 'chwennych'. Mae hwn yn air cryf eithriadol (cymh. Ex 20:17) ac awgrymwyd bod iddo arlliw o flys a thrachwant rhywiol – 'to lust after' a geir yn y *New International Version*; a chawn ein hatgoffa am ddysgeidiaeth Iesu "fod pob un sydd wedi edrych mewn blys ar wraig, eisoes wedi cyflawni godineb â hi yn ei galon" (Math. 5:28).

Y mae cymharu'r wraig anffyddlon â phutain yn pwysleisio fod cost ymwneud â'r gyntaf yn llawer uwch nag â'r ail (adn.26). Dichon y teimlwn fod agwedd y tad at buteindra yn llawer llai difrifol nag a ddylai fod. Ond rhaid cofio nad yw'r Hen Destament yn condemnio puteindra fel y cyfryw, er nad yw'n ei gymeradwyo chwaith. Yr oedd puteiniaid i bob golwg yn cael eu goddef fel rhan o fywyd bob dydd. Ond roedd condemniad llym ar y puteindra a gysylltid â chanolfannau cysegredig a chrefyddol oedd wedi llithro i mewn i addoliad y genedl o ddefodau'r Cananeaid (gwe. Deut. 23:17; 2 Bren. 23:7; Hos. 4:14). Yr oedd hwnnw'n tanseilio crefydd a pherthynas â Duw yn yr un modd ag yr oedd godineb yn tanseilio bywyd cymuned a gwerthoedd teuluol. Mae'r Testament Newydd yn llawer mwy pendant ei agwedd ac yn condemnio pob math o anfoesoldeb rhywiol (1 Cor. 6:15–18; Gal. 5:19–21; Eff. 5:5; 1 Thes. 4:3–5).

Yn adnodau 27–28, ceir rhybudd rhag chwarae â than, ac yn yr Hebraeg, ceir chwarae ar eiriau gan fod y gair am wraig (*eshet*) a'r gair am dân (*esh*) yn hynod o debyg.

Mae'r gymhariaeth rhwng y godinebwr a'r lleidr (adn. 30–31) yn pwysleisio ymhellach pa mor ynfyd yw'r dyn sy'n ceisio perthynas â gwraig gŵr arall. Er y gellir cydymdeimlo â lleidr sy'n lladrata am ei fod yn newynog, fe'i cosbir yn drwm os caiff ei ddal, a bydd raid iddo dalu'r hyn a ddygodd yn ôl seithwaith (cymh. Ex. 22:1–9). Mae'r godinebwr yn llawer mwy dirmygedig na'r lleidr hwnnw! Mae'n gwbl ynfyd ac yn dwyn dinistr a niwed ac amarch arno'i hun, ac nis anghofir ei warth. Cofier mai cosb y Gyfraith mewn achos o odineb oedd dienyddio'r gŵr a'r wraig (Deut. 22:22). Ond credir y gellid osgoi'r gosb eithaf dan y fath amgylchiadau trwy dalu dirwy, fel y gallai perchennog ych peryglus, a anwybyddodd rybudd i'w gadw dan reolaeth, osgoi cosb marwolaeth os byddai'r ych yn lladd anifail rhywun arall, trwy dalu pridwerth am ei fywyd ei hun (gw. Ex 21:28–32).

Ond ni fyddai gŵr a fradychwyd gan ei wraig ac a dwyllwyd gan ei chymar newydd yn cymryd ei dawelu mor rhwydd! Byddai eiddigedd yn ei gorddi, a'i ysfa am ddial yn ddiatal.

Atgyfnerthir cynnwys yr adran hon yn y bennod nesaf wrth i'r tad adrodd stori i bwysleisio ei neges (7:6–27). Ail adrodd yr hyn a welodd o ffenestr ei dŷ a wna, wrth i ŵr ifanc disynnwyr gael ei ddenu gan un o ferched y stryd. Unwaith eto, rhoddir y bai yn blwmp ac yn blaen ar y wraig, ond y mae'n werth cofio i'r proffwyd Nathan, pan fu i'r brenin Dafydd chwenychu Bathseba a chyflawni drwg mawr i'w chael, osod y bai yn llwyr ar y brenin (gwe. 2 Sam. 11:2-12:7).

Cymhwyso

Wrth ddarllen yr adrannau o Lyfr y Diarhebion sy'n rhoi cyngor i'r gŵr ifanc ynglŷn â godineb ac ymwneud â phuteiniaid, ni ellir osgoi'r feirniadaeth fod pwyslais annheg yn cael ei osod ar ysfa'r wraig a'i gallu i demtio'r diniwed. Llawer mwy cyffredin, yn draddodiadol o leiaf, fu'r syniad mai'r gwŷr a ddenai'r gwragedd yn hyn o beth. Ond efallai y dylid cofio mai rhoi cyngor i'w fab sydd ar lwybr doethineb a wna'r tad yma. Nid yw'r bachgen yn feius, a'i rybuddio yn hytrach na'i geryddu a wneir. Petai'n euog o gamymddwyn, diau y byddai llach ei dad arno yntau'n ddiarbed.

Eto i gyd, mae'n rhaid bod yn ofalus rhag atgyfnerthu'r hen syniad a gysylltwyd â'r Cwymp, mai'r wraig yw gwreiddyn y drwg bob amser. Gwelodd amryw'r lle eilradd a roddir i wragedd yn aml yn y gymdeithas fel un o ganlyniadau anuniongyrchol hynny, ac y mae'n rhaid i'r Eglwys fod yn arbennig o ofalus nad yw'n gwthio cyfraniad y chwiorydd i'r ymylon. Er bod gwragedd yn niferus iawn yn ein hoedfaon o'u cymharu â dynion, eto prin yw'r gynrychiolaeth o'u plith ar amryw o bwyllgorau ac yn llysoedd yr enwadau. Os yw Llyfr y Diarhebion yn euog o feithrin agwedd annheg at ferched, mae'n rhaid cofio y dichon fod oblygiadau pellgyrhaeddol i agweddau felly.

Nodwedd arall amlwg o'r drafodaeth hon yw'r pwyslais a roddir yma ar ddysgeidiaeth yr aelwyd. Nid yw'r hyn a ddysgir yn y cartref yn mynd yn amherthnasol wrth i'r bachgen dyfu; yn wir daw gwersi'r aelwyd yn fwy pwysig ac yn ganllawiau diogel drwy fywyd digon ansicr. Sylwyd eisoes ar y modd y trosglwyddid agweddau ac arferion o genhedlaeth i genhedlaeth (gwe. 4:3–9). Ac mewn cyfnod lle mae bwlch yn agor yn aml rhwng plant a rhieni wrth i dechnoleg a cherddoriaeth newydd a math gwahanol o fyw fynd â bryd y to sy'n codi, rhaid sicrhau nad yw diddordebau newydd, a dulliau gwahanol o weithredu, yn anwybyddu'r hen werthoedd ac yn meithrin agwedd unigolyddol, anghyfrifol ac anfoesol at fywyd.

Noder yn olaf pa mor agored yw'r tad wrth siarad â'i blentyn. Nid yw ein diwylliant Cymreig wedi bod yr un mor hyderus wrth drafod pynciau o'r fath. Yn wir, gellir awgrymu fod yr Eglwys yn aml iawn yn swil o gydio mewn problemau moesol fel y cyfryw, ac yn swil eithriadol o bob trafodaeth sy'n ymwneud â'r bywyd rhywiol. Diau y gellid dadlau mai lledneisrwydd, chwaeth dda a gofal rhag tarfu a fu'n gyfrifol am hynny. Ond bu amharodrwydd i wynebu'r fath bynciau yn gochl ar dro i ragrith, yn rhwystr i feithrin agweddau cyfrifol ac yn fodd i gladdu amryw o bynciau y dylid bod wedi eu codi i'r wyneb a'u gwyntyllu.

Trafod

A ydym yn euog o anwybyddu pynciau fel godineb, ac o golli cyfle i gyflwyno dysgeidiaeth iachus yn eu cylch?

A gytunwch fod y pwyslais ymarferol – mai chwarae efo tân yw godineb – yn ddigonol?

A ddylai'r Eglwys wneud mwy i hybu trafodaeth agored ar bynciau anodd?

A yw'r Eglwys yn rhy oddefgar o bob math o anfoesoldeb?

Gwers 13
Bywgraffiad Doethineb (Diar. 8)

Cyflwynir doethineb, a gellir tybio yma mai'r tad neu'r athro yr ydym eisoes mor gyfarwydd ag o sy'n siarad. Unwaith eto personolir doethineb fel gwraig sy'n codi ei llais yn gyhoeddus, ac y mae'n amlwg fod cymhariaeth uniongyrchol i'w thynnu rhwng Doethineb a'r wraig ddieithr neu anfoesol y rhoddwyd cymaint o sylw iddi eisoes. Mae'r ddwy'n ceisio tynnu sylw dynion ifanc dibrofiad, ond er bod geiriau'r wraig ddieithr yn ddeniadol, a'i haddewidion yn apelgar, y mae gwenwyn yn ei geiriau, oherwydd ni fydd ymwneud â hi ond yn arwain i ddinistr. Mae geiriau Doethineb, fodd bynnag, yn swnio'n galed (adn. 4–5) ond bydd ymwneud â hi'n dwyn gwobrau gwell nag aur ac arian a gemau (adn. 10–11).

Pwysleisir yma fod Doethineb o fewn cyrraedd y sawl sy'n ei cheisio. Mewn gwirionedd, mae'n ei chyflwyno ei hun yn y mannau poblog a phrysur. Yr oedd croesffordd yn fan ymgynnull a chyfarfod oedd yn dwyn teithwyr o bob cyfeiriad at ei gilydd, a phyrth dinas yn lleoedd prysur lle cai penderfyniadau pwysig eu gwneud yn aml. Awgrymir nad oes angen fawr mwy na'r ewyllys i wrando ac i ddysgu er mwyn derbyn doethineb (adn. 9), a chyflwyna Doethineb ei hun yng nghwmni ei chyfeillion, sef craffter a gwybodaeth a synnwyr (adn.12). Dyma mewn gwirionedd oedd nodweddion pennaf doethineb; ond sylwer hefyd fel y tanlinellir yr hyn nad yw'r doeth yn ei arddel byth, sef balchder, uchelgais, drygioni a geiriau traws (adn. 13). Mae llawer o'r diarhebion y deuwn ar eu traws yng nghorff y gwaith cyfan (gwe. 10–31) yn ymwneud â sgwrs a geiriau, ac yn anghymeradwyo pob celwydd ac enllib a hel straeon.

Trwy ddoethineb, meddir, y mae brenhinoedd a thywysogion a phenaethiaid yn rheoli'n gyfiawn (adn. 15–16), a dywedir eto bod doethineb o fewn cyrraedd y sawl sy'n ei cheisio. Dyma wirionedd a bwysleisir yn awr trwy'r ddelwedd awgrymog ohoni yn caru'r sawl sy'n ei charu hi (adn. 17). Mae'n gymaint gwell na chyfoeth, am ei bod yn dwyn cyfoeth i'r sawl sy'n ei harddel (adn. 21), a pherthyn iddi hefyd natur foesol a gaiff ei chyfleu gan y darlun ohoni'n cerdded ar ganol ffordd cyfiawnder ac ar hyd llwybr barn (adn. 20).

Mae'r adran sy'n cysylltu Doethineb yn uniongyrchol â Duw (adn. 22–31) yn amwys ei hystyr, ond mae modd cymryd ei bod yn honni i Ddoethineb gael ei chreu ar y cychwyn cyn bod daear, a bod iddi ran yn y gwaith dwyfol o greu'r bydysawd. Bu rhai esbonwyr, fodd bynnag, yn anfodlon â'r syniad bod Doethineb wedi ei chreu, a hynny ar y dechrau (adn. 22), a chafwyd trafodaethau maith ynghylch y gair a gyfieithir yn y BCN Diwygiedig fel 'lluniodd'. Mae adnodau 23–26 yn darlunio'r sefyllfa cyn y Creu, gan ddweud beth nad oedd yn bodoli bryd hynny, a rhaid cofio fod yr hanesion am y Creu a gaed yn llenyddiaeth y Dwyrain Agos bron i gyd yn cyfeirio at dir sych yn cael ei ddwyn i fod o dryblith dyfrllyd (cymh. Gen. 1:2).

Mae adnodau 27–29 yn pwysleisio presenoldeb Doethineb pan oedd pethau eraill yn cael eu creu, er bod yma eto amwysedd ynglŷn â beth yn union yr oedd Doethineb yn ei wneud bryd hynny. Awgryma rhai esbonwyr iddi gael swyddogaeth fel cynllunydd! Mae adnod 30 yn pwysleisio'r berthynas rhwng Duw a Doethineb, gan ddweud bod Doethineb yn hollol gartrefol yng nghwmni'r Creawdwr, yn hyfrydwch ac yn ddifyrrwch iddo, ac yn ymhyfrydu yn yr hyn a grëwyd ganddo, yn arbennig mewn pobl.

Daw'r bennod i'w therfyn gyda Doethineb yn cynghori ei chynulleidfa, sef y gwŷr ifanc a gyferchir yn awr fel plant (adn. 32 *meibion* yn llythrennol) i wrando arni a sylwi ar ei geiriau. Mae'n addo iddynt wynfyd os byddant yn ymateb iddi, ac yn datgan y bydd y sawl a'i caiff yn cael bywyd ac yn "ennill ffafr yr Arglwydd" (adn.35). Ond dinistr a marwolaeth fydd diwedd y rhai fydd yn ei gwrthod.

Cymhwyso

Gwelodd rhai esbonwyr batrwm llenyddol yn y bennod hon gyda chyflwyniad gan y tad neu'r athro (adn. 1-3) yn cael ei ddilyn gan ragymadrodd wrth i ddoethineb ei chyflwyno ei hun (4-11). Yna trawir nodyn hunangofiannol (adn. 12-31), a daw'r bennod i'w therfyn gyda rhybudd i wrando ar ddoethineb (adn. 32-36).

Mae'n rhaid cymryd agweddau llenyddol y Beibl o ddifrif. Awgrymir gan rai bod y ddyfais lenyddol o bersonoli doethineb wedi codi wrth i athrawon Iddewig bersonoli eu dysgeidiaeth. Ond wrth i nodweddion y ddysgeidiaeth a bersonolwyd gael eu pwysleisio, ac i'r darlun o'r ddysgeidiaeth honno fel gwraig ddod yn fwy amlwg, datblygodd i gynrychioli mwy na chyfarwyddiadau'r athrawon; a daethpwyd i ddychmygu doethineb yn bodoli yn y cynfyd yng nghwmni'r Creawdwr, ac yn dyst o'r creu.

Wrth wraidd y datblygiad arwyddocaol hwnnw yr oedd yr argyhoeddiad fod doethineb a rheolau'r bywyd da yn perthyn yn eu hanfod i drefn a strwythur y Cread, a bod y doethineb sy'n tarddu o brofiad o fywyd yn gorffwys ar y doethineb dwyfol sydd wrth wraidd y bydysawd. Yn Llyfr y Diarhebion, felly, pwysleisir y naill agwedd a'r llall i ddoethineb - y mae i ddoethineb wedd ddynol ac ymarferol sy'n dod yn amlwg trwy brofiad, ond y mae iddi hefyd wedd ddwyfol a ddaw'n amlwg trwy'r Cread. Onid yw dysgeidiaeth y tad neu'r athro'n cael ei gymeradwyo gan drefn y byd naturiol yn ogystal â phrofiad o fywyd beunyddiol?

Pwnc dyrys arall aeth â bryd esbonwyr yw'r cysylltiad a geir yn Y Beibl rhwng doethineb a'r Gyfraith, a rhwng doethineb ac Iesu. Yn llyfrau doethineb y cyfnod rhwng y ddau Destament, ac yn Noethineb Solomon, er enghraifft, mynegir fod y rhai sy'n astudio'r Gyfraith yn drachtio doethineb Duw. Ceir cyswllt amlwg yn y Testament Newydd hefyd rhwng Iesu a doethineb, gan y dywedir fod Iesu'n ddoeth (gwe. Lc. 2:39-52, 11:31; Mc.6:2) a bod Paul yn mynnu i Iesu gael ei wneud "yn ddoethineb i ni oddi wrth Dduw" (1 Cor 1:30; cymh. Col. 2:3). Adleisir geirfa a naws wythfed bennod Llyfr y Diarhebion hefyd mewn adrannau megis Col. 1:15-17, a gwelodd eraill gysylltiad tebyg â phennod gyntaf Efengyl Ioan. Rhaid bod yn ofalus, fodd bynnag, rhag gor-bwysleisio arwyddocâd hyn oll, a dadlau fel y gwnaeth Arius (260-336) y dylid uniaethu Iesu â doethineb. Oherwydd hynny, aeth Arius i ddadlau i Iesu gael ei greu ar y dechrau. Gan nad bod creedig yw Duw, meddai Arius, ac i Iesu gael ei greu ar y dechrau, ni allai Iesu fod yn ddwyfol! I arbed ein hunain rhag y fath gamddehongli rhaid cofio mai delwedd a throsiad sydd ar waith yn yr wythfed bennod o Lyfr y Diarhebion, ond ar yr un pryd dylid cofio fod y cyswllt rhwng Iesu a doethineb yn y

Testament Newydd yn tanlinellu argyhoeddiad yr awduron fod Iesu'n ymgorfforiad o ddoethineb ei Dad.

Trafod

A fyddech yn hoffi cyfarfod y ferch hon, sef Doethineb?

Os yw Doethineb mor ddeniadol pam y tybiwch fod cymaint yn ei hanwybyddu?

A yw'n gywir tybio, fel yr awgrymir yma, fod byw yn ddoeth a gwneud yr hyn sy'n iawn yn perthyn i hanfod y greadigaeth?

Pa mor bwysig yw cofio mai llenyddiaeth yw'r Beibl a chadw hynny mewn cof wrth ei ddehongli?

Gwers 14
Dwy wraig a dau ddewis (Diar. 9)

Y mae pennod olaf adran gyntaf Llyfr y Diarhebion yn cynnwys cymhariaeth rhwng doethineb a ffolineb, ac unwaith eto personolir y naill a'r llall. Dwy wraig ydynt yma, a disgrifir y modd y maent fel ei gilydd yn ceisio denu rhywrai i'w dilyn. Unwaith eto, maent yn anelu at y dibrofiad a'r diniwed sydd eto i ddewis eu llwybr trwy fywyd. Eu nod yw cael y rhai hynny i wneud dewis a fydd, fel y gwyddom erbyn hyn, yn ddewis tyngedfennol.

Y mae'r disgrifiad o dŷ Doethineb (adn. 1) yn adlewyrchu ei chyfoeth a'i hadnoddau. Mae amryw o esbonwyr wedi dyfalu a oes arwyddocâd arbennig i'r ffaith fod saith colofn i'w chartref, ond mae'n debyg nad ydynt ond yn adlewyrchu ei safle a'i chyfoeth. Dangosodd archaeoleg y caed colofnau ar dai moethus yr Iddewon, ac nid oes mwy o arwyddocâd i'r nifer ohonynt a nodir yma na bod saith yn cael ei ystyried yn rhif perffaith oedd yn arwyddo cyflawnder.

Parheir â'r un pwyslais ar ddigonedd wrth ddweud fod Doethineb wedi hulio bwrdd a darparu cig a gwin. Yr oedd cig yn fwyd moethus yn yr Hen Fyd, a chymysgid gwin yn aml â mêl neu sbeis cyn ei yfed. Er mwyn denu pobl i'w thŷ anfonodd Doethineb ei morynion allan i estyn gwahoddiad, a chyhoeddodd hi ei hun y gwahoddiad "ar uchelfannau'r ddinas" (adn.3).

Gwelodd rhai esbonwyr arwyddocâd neilltuol i'r awgrym fod ei chartref i bob golwg ar y man uchaf yn y ddinas, oherwydd llecyn a ddewisid ar gyfer cysegr neu deml fyddai'r llecyn hwnnw fel arfer; ac aethpwyd ati i ddyfalu ar sail y fath gyfeiriad fod Doethineb, yn wir, yn cael ei huniaethu â Duw yn Llyfr y Diarhebion. Doethineb Duw ydyw, meddir, ac y mae ymwrthod â hi yn gyfystyr ag ymwrthod â'r Arglwydd. Dyna yn ôl rhai yw'r arwyddocâd diwinyddol mawr y tu ôl i holl drafodaethau Llyfr y Diarhebion. Hyd yn oed pan na chaiff Duw ei enwi, mae doethineb i'w huniaethu â'r Arglwydd, ac y mae troi ymaith oddi wrthi a dewis llwybr arall yn gyfystyr â throi ymaith oddi wrtho ef.

Nid yw'r cyswllt yn amlwg rhwng adnodau 7–12 a gweddill y bennod. Mynegi pa mor ddieffaith a pheryglus yw cynghori a cheryddu'r gwatwarwyr a wneir ynddynt. Dyma, fel y gwelwyd eisoes, y mwyaf ystyfnig, hunanfoddhaol ac anedifeiriol o bawb a wrthyd ddoethineb. Cynrychiolant yr aelodau hynny o'r ddynoliaeth nad oes dysgu yn eu croen, ac na ellir eu hyfforddi gan eu bod yn gwybod yn well o lawer na phawb arall, ac yn barod bob amser i wneud hwyl am ben y sawl a'u cywira.

Y mae'r doeth yn gwbl wahanol, yn barod i dderbyn cerydd yn raslon a dysgu oddi wrth bob camgymeriad. Yn wir, mae'n ddiolchgar i'r sawl sy'n ei gywiro ac yn ymagweddu'n gariadus tuag ato.

Yn adnod 10 ail-bwysleisir yr un neges a gafwyd eisoes yn y bennod gyntaf (1:7), sef mai "ofn yr Arglwydd yw dechrau doethineb, ac adnabod y Sanctaidd yw deall". Awgrymwyd fod 'ofn yr Arglwydd' yn gwladychu'r tir canol rhwng parch ar y naill law a dychryn ac ofnadwyaeth ar y llall. Golyga gydnabod nerth a gallu Duw, ac ymagweddu'n ufudd a gweddus ato. Yn y diwedd, agwedd pobl at yr Arglwydd sy'n penderfynu eu llwybr yn y byd. Dewisir llwybr doethineb neu ffolineb yn unol â hyn. Mae'r doeth yn parchu Duw ac yn byw'n gywir, ond yr ynfyd yn rhoi'r holl sylw iddo ef ei hun ac yn dilyn llwybrau marwolaeth.

Awgrymwyd gan rai mai Duw ei hun sy'n siarad yn adnod 11, ond gwell gan eraill yr awgrym mai Doethineb sy'n siarad yma. Beth bynnag am hynny, y mae Doethineb i'w chysylltu mor agos â'r Arglwydd yn Llyfr y Diarhebion fel mai'r un yw'r ergyd – gall y sawl sy'n byw'n ddoeth ddisgwyl bywyd hir. Nid yw hynny, fel y nodwyd wrth drafod y penodau blaenorol, yn anochel, ond y mae byw yn iawn, chwedl pobl, yn fwy cydnaws â hirhoedledd na bywyd seithug a hunanol.

Daw'r bennod i ben efo disgrifiad o'r un sy'n hollol groes i Ddoethineb, sef y wraig ffôl a phenchwiban (adnau 13–18). Disgrifir hi fel cymeriad cegog ac ynfyd, a chaiff ei darlunio yn eistedd wrth ddrws ei thŷ neu ar fainc yn uchelfannau'r ddinas (adn. 14). Awgrymwyd fod y disgrifiad ohoni'n eistedd yn gyfeiriad cynnil at ei natur ddiog, a'r ffaith ei bod hithau eto'n galw o'r uchelfannau yn awgrym y cysylltir ei chartref â safle traddodiadol teml neu gysegr. O ddilyn yr awgrym hwn gwelir yma felly gystadleuaeth rhwng doethineb a ffolineb sy'n adlewyrchiad o'r gwrthdaro rhwng y ffydd Iddewig a chrefydd y paganiaid. Tanlinellir y neges nad oes modd dilyn doethineb heb ddewis Duw; bod yn ddoeth yw ymddwyn mewn ffordd fydd yn adlewyrchu perthynas ag Ef.

Y mae awgrym o'r darlun o'r wraig ddieithr yn y ddelwedd a ddefnyddir yn adnod 17 o ddŵr wedi ei ladrata a bara sydd wedi ei ddwyn, y naill yn fwy melys a'r llall yn fwy blasus na'r hyn a geir yn gyfreithlon. Ystyrid gwahoddiad gan wraig i bryd o fwyd yn rhywbeth nwydol yn yr Hen Fyd, ac y mae hynny'n awgrymu pa mor agos yw'r berthynas a ragdybir yn y bennod hon rhwng y rhai dibrofiad a disynnwyr â'u dewis gymar - bydd gwledda yn nhŷ doethineb neu ffolineb yn golygu perthynas agos iawn, iawn. Ond mae'r ffaith fod danteithion ffolineb wedi eu dwyn ac y dylid o'r herwydd, eu blasu yn y dirgel, yn gyfeiriad cudd, meddid, at buteindra. Nid rhyfedd felly, y dywedir y bydd ymwneud â'r wraig ffôl yn arwain i farwolaeth - y meirwon yw ei gwesteion eraill, ac y mae'r cyfeiriad yma at Sheol, neu drigfan y meirw, yn tanlinellu ei chyswllt â marwolaeth (adn.18).

Cymhwyso

Mae'n werth sylwi unwaith eto fod doethineb a ffolineb yn galw yma ar yr un bobl; bod y doeth yn barod i wrando, derbyn cerydd ac ymateb yn gadarnhaol ond y ffôl yn rhy hunanddigonol i dderbyn cyngor. A sylwer hefyd ar y pwyslais nad oes neb yn rhy hen neu'n rhy wybodus i ddysgu. Mewn byd sy'n newid yn barhaus ac yn datblygu ar garlam, efallai na fu'r wers honno erioed mor berthnasol ag ydyw heddiw. Y mae arwyddocâd hynny i'r Eglwys yn amlwg – o ran agwedd, dull o weithredu, dirnadaeth o'r Ffydd a pharodrwydd i newid, y mae'r sylweddoliad fod gennym oll fwy i'w ddysgu yn hanfodol.

Mae'n amlwg hefyd fod y bennod hon yn cydio'n naturiol wrth rannau eraill o'r Ysgrythur. Ceir defnydd o ddelwedd bwyd ac ymborth gan Eseia gyda golwg ar y gair proffwydol (55:1–2), ac awgrymwyd fod y gwahoddiad i wledda wrth fwrdd doethineb wedi cael arwyddocâd dyfnach yng ngwahoddiad Iesu i wledda yn nheyrnas Dduw (Luc 14:15–24). Gwelwyd tai doethineb a ffolineb yn gefndir i ddameg y ddwy sylfaen (Math. 7:24–27; Luc 6 47–49); cofir i Iesu ei hun rybuddio rhag taflu perlau o flaen moch (Math. 7:6), rhybudd sy'n adlewyrchu'r hyn a ddywedir yma am gynghori gwatwarwyr; ac yn y chweched bennod o Efengyl Ioan rhoddir cryn sylw i'r thema o fwyd bywiol.

Diau ei bod yn gwbl naturiol i Gristnogion weld yr Hen Destament o safbwynt y Newydd; bod dyfodiad Iesu'n arwain at werthfawrogiad dyfnach o neges yr Hen; bod ei farwolaeth a'i atgyfodiad yn peri i'w ddilynwyr weld yr Hen mewn goleuni gwahanol. Yn wir, ceir sawl awgrym yn y Testament Newydd o agwedd Iesu ei hun at Ysgrythurau ei genedl (e.e. Luc 24:25–27, 44–49), ac ni ellir disgwyl i Gristnogion ddarllen yr Hen Destament fel pe na baent yn ymwybodol o'r hyn a ddigwyddodd wedyn. Dylid bod yn ofalus, fodd bynnag, rhag darllen yn ôl i'r Hen Destament yr hyn nad yw yno.

Trafod
Ein hymateb i feirniadaeth sy'n dangos rhuddin ein cymeriad.

Anfodlonrwydd i ddysgu, a methiant i ddatblygu sy'n llesteirio cenhadaeth ein heglwysi.

Ein hagwedd at Dduw sy'n penderfynu ein llwybr yn y byd.

Pa werth a roddwch ar yr Hen Destament?

Gwers 15
Anrhydeddu rhieni

"Dyma ddiarhebion Solomon:
Y mae mab doeth yn gwneud ei dad yn llawen,
ond mab ffôl yn dwyn gofid i'w fam" (Diar. 10: 1).

Deuwn yn awr at adran wahanol o Lyfr y Diarhebion. Yn y naw pennod gyntaf cafwyd ymdriniaethau gweddol hir a manwl, ond mae gweddill y llyfr bron i gyd wedi ei ffurfio o ddiarhebion neu ddywediadau unigol. Casglwyd hwy ynghyd heb unrhyw drefn amlwg, er y ceir ar adegau'r argraff i rai gael eu gosod efo'i gilydd i hwyluso'r cof, megis drwy'r defnydd o gymeriad llythrennol lle ceir cyfres o ddiarhebion yn dechrau gyda'r un llythyren.

Gosodiadau, yn hytrach na chyfarwyddiadau, yw'r mwyafrif ohonynt, ac y mae modd gweld patrymau llenyddol arbennig ynddynt. Y mwyaf amlwg yw'r defnydd o 'gyfochredd cyferbyniol', sef dweud yr un peth ddwywaith ond mewn ffyrdd gwahanol. Dyna a geir, er enghraifft, yn yr adnod sydd gennym dan sylw yn awr. Dro arall ceir 'cyfochredd cyfystyr', sef dweud yr un peth ddwywaith ond heb wrthgyferbyniad (e.e. 16:18). Mae 'brawddegau cyfain', heb unrhyw ailadrodd yn batrwm cyffredin arall, gyda'r ystyr yn goferu o un llinell i'r llall (e.e. 17:23), a cheir hefyd gymariaethau (e.e. 11:22) a gosodiadau a esbonnir (e.e. 20:2).

Trafodwyd y cyfeiriad at y brenin Solomon a geir yn yr adnod hon eisoes yn y wers gyntaf, a digon am y tro fydd ailadrodd y farn nad Solomon oedd awdur y diarhebion fel y cyfryw, ond iddynt gael eu cysylltu â'i enw ar gyfrif ei ddoethineb.

Ni cheir yn y diarhebion hyn fel y cyfryw chwaith fawr o ddiwinyddiaeth; ond erys pwyslais diwinyddol y penodau cyntaf yn y cof, er hynny; ac yng nghyd–destun hynny y mae deall y dywediadau unigol. Yn sylfaenol, rhaid cofio fod byw yn ddoeth yn adlewyrchu perthynas â'r Arglwydd, a bywyd nad yw'n dwyn nodau doethineb yn sawru o anufudd-dod a gwrthgiliad.

Dihareb wedi ei chyfeirio at fab sydd yma, ac anogaeth iddo ystyried ei ymddygiad yng nghyd-destun effaith hynny ar ei rieni. Y maent hwy'n ddoeth, ac ni fydd dim yn eu bodloni'n fwy na gweld y bachgen yn adlewyrchu'r un nodwedd yn ei fywyd ei hun. Gellir tybio mai rhieni ffôl a fyddai'n ymhyfrydu yn nrwgweithred eu hepil, ac awgrymir y bydd bachgen sy'n caru ei rieni'n ymaflyd mewn doethineb er mwyn dwyn hyfrydwch a llawenydd i'w haelwyd.

Mae'n amlwg fod yr hyn a ddywedir yma am y tad yr un mor wir am y fam, a'r hyn sy'n wir am y fam yn wir am y tad yntau! Caiff y naill a'r llall eu plesio gan ymddygiad cywir eu plentyn, a'u blino gan yr hyn fydd yn groes i hynny.

Gwelwyd eisoes pa mor bwysig yw traddodiad ac etifeddiaeth yn Llyfr y Diarhebion (e.e. 4:1–9). Bydd dilyn cyngor doeth yr hynafiaid yn cadw'r hogyn o afael pob math o ddrygau, a phwysleisir bod hynny'n sicrhau parhad gwerthoedd ac etifeddiaeth yr aelwyd.

Parch a chariad at y rhieni yw'r cymhelliad a ragdybir. Ceir yn y Deg Gorchymyn hefyd bwyslais amlwg ar anrhydeddu rhieni (Ex. 20:12; Deut. 5:16), ond nid y gorchymyn dwyfol yw'r cymhelliad hwn.

Cymhwyso

Mae magu plant yn y gobaith y byddant yn ddinasyddion cyfrifol yn her i rieni pob cenhedlaeth. Cafodd sawl aelwyd ei hysgwyd a sawl priodas ei pheryglu gan ymddygiad annerbyniol plant anystywallt, a go brin y dwg unrhyw beth fwy o lawenydd i aelwyd na phlant y gall eu rhieni ymfalchïo ynddynt. Fel yr awgrymwyd eisoes wrth drafod apêl doethineb a ffolineb (pennod 9), y mae ynfydrwydd yn bellgyrhaeddol ei effeithiau, a thanlinellir yr un neges eto yn y bennod hon;
"Y mae derbyn disgyblaeth yn arwain i fywyd,
ond gwrthod cerydd yn arwain ar ddisberod" (10:17).

Felly, nid rhyfedd y ceir amryw o ddiarhebion sy'n annog ymddygiad addas gyda golwg ar ymwneud plant â'u rhieni. Un o'r cynghorion pwysicaf yw'r un i blant dderbyn disgyblaeth (gwe. 13:1; 15:5; 23:22; 30:17). Roedd y Gyfraith yn datgan y dylid llabyddio mab gwrthnysig ac anufudd (Deut. 21:18-21), a hynny ar gyfrif y mawr ddrwg a wnâi bywyd teuluol cythryblus i'r holl genedl. Ar yr aelwyd, yn anad unman arall, y trosglwyddid ffydd a gwerthoedd yr Iddewon, ac yr oedd anufuddhau i rieni yn gyfystyr ag ymwrthod â'r drefn a ordeiniodd Duw i sicrhau cymdeithas heddychlon a ffyniannus. Mewn cyfnod pan yw hawliau plant gymaint rhan o'n diwylliant, ni ddylid anwybyddu anogaeth Paul iddynt; "Chwi blant, ufuddhewch i'ch rhieni ym mhob peth, oherwydd hyn sydd gymeradwy ym mhobl yr Arglwydd" (Col. 3:20).

Agwedd bwysig ar hynny, gellid tybio, oedd y rheidrwydd i blant ymgadw rhag difenwi neu felltithio eu rhieni. Yn yr Hen Destament ystyrid melltithio fel ymgais fwriadol i beri drwg i rywun arall, ac ar sail hynny, mae'n debyg, y mae'r Gyfraith yn annog dienyddio "pwy bynnag sy'n melltithio'i dad neu ei fam" (Ex. 21:17; Lef. 20:9). Yn Llyfr y Diarhebion, fodd bynnag, cadw plant rhag difenwi eu rhieni yw'r nod (cymh. 20:20) a'u hannog i ddweud yn dda amdanynt (cymh. 30:11).
Nid oedd cam-drin rhieni chwaith yn ddi–sôn amdano ymysg yr Iddewon; ac yn Llyfr y Diarhebion hefyd adlewyrchir drwg a ddaeth yn fwyfwy i'r amlwg yn ein dyddiau ni, sef plant yn cam-drin eu rhieni (cymh. 19:26). Efallai mai troi rhieni oedrannus allan o'u cartref sydd mewn golwg yma, a cheir cyfeiriad hefyd at blentyn yn lladrata oddi ar ei dad neu ei fam (28:24). Yn sicr, nid problemau a gyfyngwyd i'n cyfnod ni a'n diwylliant cyfoes yw'r rhain. Ymddengys eu bod wedi poeni teuluoedd a rhieni erioed. Efallai mai'r hyn sy'n wahanol heddiw yw ein bod i bob golwg wedi colli'r argyhoeddiad o werth aelwyd sefydlog, magwraeth dda a disgyblaeth gadarn. Yr allwedd i ddeall Llyfr y Diarhebion yw y cysylltir y fath bethau yn uniongyrchol â Duw, hyd yn oed pan nas enwir yr Arglwydd.

Trafodwch
Beth yw'r gwahaniaeth rhwng direidi a drygioni?

Pan fo plant yn camymddwyn y rhieni sydd ar fai.

A yw rhieni ar y cyfan yn disgwyl gormod gan eu plant?

A oes angen adfer y pwyslais ar ddisgyblaeth?

Gwers 16
Magu plant

"Hyffordda blentyn ar ddechrau ei daith,
ac ni thry oddi wrthi pan heneiddia" (Diar. 22:6).

Dyma un o ddiarhebion enwocaf y llyfr i gyd, a bu'n ganllaw ac yn gysur i genedlaethau o rieni a fagwyd yn sŵn yr Ysgrythur. Y mae peth amwysedd, fodd bynnag, yn y ffurf wreiddiol, a bu i rai cyfieithiadau ychwanegu ansoddair i ddisgrifio'r ffordd y dylid hyfforddi'r plentyn ynddi. Y 'ffordd iawn' (*The New Revised Standard Version*) neu'r 'ffordd y dylai fynd' (*The New International Version*) yw honno, meddid; ond gellir gweld coegni yma, a dal mai'r hyn a ddywedir yw y bydd plentyn, os caiff ei hyfforddi yn ei ffordd ei hun, sef y ffordd y dymuna ei dilyn, yn siwr o gerdded y ffordd ofnadwy honno am byth! Ond go brin y byddai'r fath ddehongliad yn cyd-daro â phwyslais Llyfr y Diarhebion ar waith a disgyblaeth a hyd yn oed gosb gorfforol i gyfeirio pobl i'r ffordd iawn.

Gwelodd rhai yma hefyd yr awgrym y dylid hyfforddi plant yn unol â'u tueddfryd a'u gallu, a thanlinellodd y BCN Diwygiedig y pwyslais mai ar y cychwyn yn deg y mae ymorol am gyfeiriad bywyd plentyn – 'ar ddechrau ei daith', gwirionedd a awgrymodd i un esboniwr o leiaf fod arlliw o gysegru i Dduw i'w ganfod yma ynghyd â phwyslais ar barhad hyfforddiant. Y mae hyfforddiant ysbrydol a moesol yn bwysig.

Mae'n rhaid cofio, fodd bynnag, mai dihareb a geir yma, a bod ei hystyr a'i harwyddocâd yn cael eu lliwio gan hynny. Mae'r ddihareb hon, fel diarhebion yn gyffredinol, yn fachog a chryno ac yn mynegi gwirionedd pendant, ond nid yw'r gwirionedd hwnnw i'w ystyried yn wirionedd cyffredinol. Gwelsom eisoes y ceir pwyslais cyson yn Llyfr y Diarhebion ar ryddid pobl i ddewis eu llwybr mewn bywyd, a diau y gallai plentyn a gafodd yr hyfforddiant gorau gan ei rieni ddewis cwmni drwgweithredwyr (cymh. 4:14) neu buteiniaid (7:4–5) ac anghofio'n llwyr am y ffyrdd yr hyfforddwyd ef ynddynt.

Nid addewid a geir yma, felly, na deddf ddiwrthdro, ond mynegiant o argyhoeddiad bod magwraeth dda yn dueddol o gael canlyniadau dymunol. Yr un pryd, mae'n sicr y ceid digon o enghreifftiau lle na ddigwyddodd hynny, ac ni ddylid cymryd adnod fel hon yn ffon i gernodio rhieni ac i gynyddu baich gofid ac euogrwydd ar aelwydydd lle nad yw'r plant wedi datblygu yn ôl y disgwyl. Mewn gair, y cwbl a ddywedir yma yw na all rhieni ond gwneud eu gorau i roi cychwyn da i'w hepil; y gwirionedd cyfatebol yw bod yn rhaid i blant hefyd ymateb mewn modd adeiladol i'r hyfforddiant a dderbyniant.

Mae'r sylweddoliad hwnnw'n cysylltu'r ddihareb hon hefyd wrth nifer o ddiarhebion eraill sy'n cydnabod nad gwaith hawdd yw magu plant, ac sy'n argymell y dylid defnyddio cosb yn ôl y gofyn wrth wneud hynny. Noder, fodd bynnag, fod y gair Hebraeg am gosb yn gallu golygu 'cyfarwyddyd' ac y caiff ei ddefnyddio'n aml gyda'r gair am 'gywiro'. Yn aml, mae cyfeiriad at 'wialen' yn dangos yn glir mai cosb gorfforol sydd mewn golwg, er na chaiff ei gynnwys yn y ddihareb hon;
"Cerydda dy fab tra bo gobaith iddo,
ond gofala beidio â'i ladd" (19:18; cymh. 23:13–14).

Ystyrid y dylid cosbi ffyliaid a phlant er mwyn eu cywiro a chyfeirio'u bywyd yn y modd priodol. Ond tra bod yna obaith y byddai plant yn ymateb yn gadarnhaol i gosb ac yn datblygu'n oedolion aeddfed a chyfrifol, nid oedd yr un peth yn wir yn aml am ffyliaid (cymh. 27:22). Yn sicr, dylid pwysleisio mai'r nod, lle mae Llyfr y Diarhebion yn argymell cosb, yw adfer a chywiro. Lles y sawl a gosbir sydd mewn golwg bob amser, ac y mae'r cymhelliad yn un cadarnhaol. Beth bynnag ein hagwedd ni heddiw at gosb gorfforol dylid cofio hynny, ac yn sicr ni ddylid cymryd y diarhebion hyn i gyfiawnhau cosb gorfforol. Eu nod oedd pwysleisio fod cosb yn angenrheidiol; nid argymell y math o gosb y dylid ei gweinyddu. Weithiau byddai cerydd ynddi ei hun yn ddigon o gosb (cymh. 29:15), ac yr oedd i'r gair Hebraeg am gerydd hefyd arlliw o berswâd neu resymu.

Yn sicr, nid yw darlun Llyfr y Diarhebion o blant yn anwybyddu'r natur wrthnysig sy'n perthyn iddynt. Pwysleisir, felly, nid yn unig y dylid ceisio rhoi iddynt ddoethineb, ond y dylid hefyd geisio tynnu ffolineb allan ohonynt;

"Y mae ffolineb ynghlwm wrth feddwl plentyn,
ond y mae gwialen disgyblaeth yn ei yrru oddi wrtho" (22:15).

Cymhwyso

Mewn cyfnod a ddaeth yn effro iawn i beryglon cosb amhriodol, ac a sylweddolodd y gall plant gael eu cam-drin wrth gael eu disgyblu, mae'n amlwg fod angen gofal mawr iawn wrth drafod diarhebion fel y rhai sydd dan sylw yma. Nid yw dihareb ond yn briodol a chymwys os caiff ei defnyddio ar yr achlysur cywir. Yma, cynghorion i rieni yw'r diarhebion dan sylw, ac ni ddylid eu defnyddio i edliw methiant nac i fod yn orchmynion cyffredinol.

Y mae'n amlwg hefyd mai dyfodol y plentyn sydd mewn golwg; a dywedir bod ymatal rhag ymyrryd, a pheidio â rhoi hyfforddiant i blant, ynddo'i hun yn esgeulustod. Yn wir, dywedir bod modd i ddisgyblaeth dda arbed y plentyn rhag rhywbeth gwaeth, sef distryw. Dyma'r awgrym, meddir, mewn dwy adnod sy'n cyfeirio at farwolaeth a Sheol (23:13–14): bydd disgyblaeth gadarn yn arbed y plentyn rhag dilyn llwybrau sy'n arwain i farwolaeth (cymh. 13:14; 15:24). Yn wir, mae disgyblaeth gymwys yn adlewyrchiad o'r modd y mae Duw ei hun yn ymdrin â'i bobl;
"Fy mab, paid â diystyru disgyblaeth yr Arglwydd,
a phaid â digio wrth ei gerydd" (3:11).

Trafod

Pa mor bwysig yn eich profiad chi fu magwraeth dda? Beth oedd ei phrif nodweddion?

Y mae cosb gorfforol yn gwbl amhriodol mewn cymdeithas wareiddiedig, ac ni ddylid byth gosbi plant yn gorfforol mewn unrhyw fodd.

A gredwch y perthyn inni natur ffôl y mae angen ei thynnu allan ohonom? Os felly, sut y mae gwneud hynny?

A fu agwedd yr Eglwys at blant yn rhy negyddol yn y gorffennol?

Gwers 17
Dewis gwraig

"Y sawl sy'n cael gwraig sy'n cael daioni
ac yn ennill ffafr gan yr Arglwydd" (Diar. 18:22).

Gwelsom eisoes pa mor barod yw Llyfr y Diarhebion i rybuddio dynion rhag ymwneud â merched drwg, ond byrdwn y ddihareb hon yw bod gwraig dda'n rhodd gan Dduw. Dywed un esboniwr bod ymdrech ddynol a gras dwyfol yn dod ynghyd yma, a diau fod y fath sylw'n taro tant yng nghalon pawb sy'n mwynhau priodas hapus.

Fodd bynnag, yn llechu y tu ôl i'r ddihareb y mae agwedd at wragedd nad yw'n gydnaws â'n delfrydau bellach; ac fe roed sylw eisoes i duedd Llyfr y Diarhebion i bardduo merched drwg wrth aros yn ddigon tawedog am ran gwŷr mewn unrhyw gamwri. Nid rhyfedd, felly, y ceir sawl dihareb yn y llyfr sy'n condemnio gwragedd cwynfanllyd a'u swnian parhaus, er na cheir unrhyw ymwybyddiaeth o resymau posibl dros ymddygiad felly.

Dywedir fod cecru gwraig fel diferion glaw (19:13; 27:15) a rhaid dychmygu'r darlun o dai syml yr Iddewon gyda tho o fwd a choed. Fel dŵr yn diferu drwy'r to ar ddiwrnod glawog oedd cecru diddiwedd gwraig gwynfanllyd, ac ni fyddai modd ei hatal, ddim mwy nag y gellid atal y gwynt neu gydio mewn llond dwrn o olew olewydden (27:16). Mynnir mai gwell byw mewn anialwch neu mewn congl ar ben to na rhannu tŷ gyda gwraig gecrus (21:19; 25:24).

Ond os yw'r agwedd negyddol at wragedd anaddas yn sawru o hunan-dyb gwrywaidd, diau fod yr un peth yn wir hefyd am agwedd werthfawrogol rhai diarhebion at gael gwraig dda. Ni ddylai hyn, fodd bynnag, ein hatal rhag sylwi ar y pwyslais mawr a roddir ar gyfraniad gwraig i'w chartref a'i theulu, hyd yn oed os cyfeirir at wraig fedrus fel "coron ei gŵr" (12:4). Yn wir, mae'r gymhariaeth rhwng gwraig dda a doethineb, a bersonolir fel gwraig, yn amlwg ddigon yn y llyfr hwn, a thynnodd sawl esboniwr sylw at hynny gan gyfeirio'n benodol at yr hyn a ddywed Doethineb amdani ei hun:

"Yn wir, y mae'r sawl sy'n fy nghael i yn cael bywyd,
ac yn ennill ffafr yr Arglwydd" (8:35).

O gofio'r awgrym a wnaed bod syniad am grefydd wir a gau y tu ôl i'r
darlun o ddoethineb a ffolineb fel dwy wraig, ac mai drwy gofleidio
doethineb y dilynir Duw, mae'r pwyslais a roir ar wraig dda'n drawiadol
iawn.

Mae'n amlwg hefyd fod gwerthfawrogiad Llyfr y Diarhebion o wragedd
cymeradwy'n cwmpasu eu gallu a'u cymeriad. Daw hynny'n amlwg
gan y defnyddir y gair a gyfieithir 'medrus' (e.e. 12:4) hefyd pan ddisgrifir
Ruth fel gwraig 'deilwng' (Ruth :11). Y mae gwraig dda'n fedrus ac yn
deilwng, neu'n llawn rhinwedd: perthyn iddi gadernid cymeriad a gallu
ymarferol, a thanlinellir ei chyfraniad trwy ddweud, mewn
gwrthgyferbyniad, fod gwraig ddigywilydd fel pydredd yn esgyrn ei
phriod (12:4).

Cymhwyso

Go brin fod yr un o'r agweddau a welir yn Llyfr y Diarhebion yn
tanlinellu'r gwahaniaeth rhwng ein diwylliant ni a diwylliant yr Hen Genedl
yn fwy na'r agwedd at wragedd. Ar un wedd, mae sawl peth yma'n
taro tant yn ein profiad, ac eto oni ellir dweud yn gyffredinol fod y lle
cydradd a'r parch dyledus a roddir i ferched heddiw'n ddieithr i'r llyfr
hwn?

Un peth gwerth ei ystyried yn yr adnodau dan sylw yw'r pwyslais fod
cymryd gwraig, neu ŵr o ran hynny, yn gam pwysig a pheryglus. Mae
cymar da'n dwyn bendithion fyrdd, ond cymar gwael yn dod â helynt
i'w ddilyn. Diau fod pob priodas, fodd bynnag, yn gyfuniad o gymhellion
a breuddwydion, delfrydau ac egwyddorion, cryfderau a gwendidau'r
naill bartner a'r llall fel ei gilydd; ond oni ddylid, er hynny, fod yn ofalus
i sicrhau uniad cymharus?

Ar y naill law dichon fod pwyslais ein diwylliant cyfoes ar serch
rhamantus wedi cymylu'r syniad o ddewis gŵr neu wraig. Nid *dewis* i
bob golwg yw syrthio mewn cariad, ac efallai y byddai dogn da o
synnwyr cyffredin yn help i amryw sydd yn y cyflwr llesmeiriol hwnnw!
Ond ar y llaw arall, gwelwyd hefyd agweddau tra bydol yn llithro i mewn

i gylch priodas a pherthynas, gydag enwogion byd y ffilmiau a chyfoethogion nodedig, yn arbennig, yn mynnu penderfynu cyn priodi sut i rannu'r ysbail os bydd y briodas yn chwalu. Gwelwyd hefyd rai llai cefnog yn hirymarhous i briodi rhag ofn i'w hamgylchiadau a'u teimladau newid ac iddynt golli eiddo wrth i briodas ddod i ben.

Er gwaethaf ieithwedd anaddas Llyfr y Diarhebion ar dro, a'r darlun annigonol ac anghyflawn a geir ynddo'n aml o berthynas gŵr a gwraig, mae'r pwyslais ar gyfraniad y naill a'r llall i ddedwyddwch aelwyd a ffyniant cartref yn beth i'w groesawu. Y mae gwraig dda, meddir, yn un y bu'n rhaid ymdrechu i chwilio amdani, a'r awgrym sicr yw bod gwragedd o'r fath yn werthfawr ac yn brin. Sylweddoliad y sawl a ymdrechodd i'w chael, ac a ryfeddodd o'i hennill, yw'r haeriad mai rhodd Duw ydoedd! Ac onid yw hynny'n aml yn wir yng nghyd-destun pethau pwysig bywyd? Mae'r hwn a gafodd ddoethineb yn dweud yr un peth â'r sawl a gafodd wraig dda (cymh. 2:1–6).

Ac yn olaf, mae'n werth sylwi nad gwragedd cecrus a merched anfoesol yn unig a ddaw dan lach y diarhebion. Er iddynt gael eu llunio o safbwynt gwrywaidd, ac er mai agweddau dynion yn hytrach na gwragedd a geir ynddynt fynychaf, eto i gyd ceir yn Llyfr y Diarhebion hefyd ymwybyddiaeth o'r drwg y gall gŵr di-hid ei wneud i'w aelwyd:
"Y mae'r un sy'n peri helbul i'w deulu'n etifeddu'r gwynt,
a bydd y ffôl yn was i'r doeth" (11:29).

Efallai mai'r syniad o golli eiddo sydd y tu ôl i'r ddihareb hon, ac mai'r neges yw y bydd y sawl sy'n peri helbul i'w deulu wrth ymddwyn yn anghyfrifol yn cael ei adael heb ddim. Neu efallai fod yr ystyr yn fwy cyffredinol, ac mai'r ergyd yw y bydd y sawl sy'n cam-drin ei deulu'n colli popeth: câr a chartref, gwraig, plant ac adnoddau. Yn sicr, barn Llyfr y Diarhebion yn gyffredinol yw bod ynfydrwydd o unrhyw fath yn arwain yn ddieithriad at gaethiwed.

Trafod
Rhodd Duw yw gŵr neu wraig dda. Beth tybed yw ystyr dweud hynny heddiw?

Os aeth y pwyslais ar syrthio mewn cariad a phriodi â ni i gors, oni ddylid adfer y pwyslais ar *ddewis* cymar?

Beth fyddai eich cyngor i sicrhau aelwyd ddedwydd?

A yw'r gwahaniaeth amlwg rhwng ein diwylliant cyfoes ni a diwylliant Llyfr y Diarhebion yn peri trafferth i chi ei ddeall, ynteu a gytunwch fod diarhebion wrth natur yn oesol eu neges?

Gwers 18
Y wraig fedrus (31: 10–31)

Awgrymwyd mai arwrgerdd yw'r adran olaf hon o Lyfr y Diarhebion, a honno'n foliant, nid i ryfelwr fel y gellid disgwyl, ond i'r wraig berffaith. Clymir y llinellau ynghyd yn acrostig gyda'r naill ar ôl y llall yn dechrau gyda llythrennau'r wyddor Hebraeg yn eu trefn. Yr oedd hon yn ddyfais lenyddol gyfarwydd, a gwelir enghreifftiau o'r defnydd ohoni yn Llyfr y Salmau (ee. Salm 112), a'i nod oedd cynyddu camp y dweud a hybu'r cof. Adlewyrchir cymeriad arwrol y gerdd hefyd gan y delweddau milwrol a ddefnyddir ynddi, ac y mae'r cyfan yn bortread o wraig gref, ymdrechgar, hael ei natur a hirben, sydd yn anad un peth arall yn ofni'r Arglwydd (adn.30).

Nid oes raid dweud mai delfryd yn hytrach na gwraig go iawn sydd yma, a honno'n ddelfryd a luniwyd gan ddynion. Er gwaethaf ei holl alluoedd, gweithreda'r wraig hon yng nghysgod ei gŵr ac er ei les ef a'r teulu. Gall yntau ymddiried yn llwyr ynddi, a rhydd ei diwydrwydd a'i gallu iddo'r rhyddid i ymwneud â materion o bwys ym mywyd y gymuned. Caiff hamdden i dreulio'i amser gyda'r arweinwyr lleol ym mhorth y dref (adn.23), lle gwneid y penderfyniadau pwysig. Gellir cymharu'r lle hwnnw â neuadd y dref neu swyddfa'r cyngor heddiw. Er mai uchelwraig i bob golwg a ddisgrifir yma, nid yw'n perthyn i haen uchaf cymdeithas, ac er ei bod yn ddigon cefnog y mae'n rhaid iddi weithio i ennill bywoliaeth. Ei dycnwch a'i hegni sy'n drawiadol. Mae'n fentrus mewn busnes ac yn ofalus o'i theulu. Nid penyd yw gwaith caled i hon, ond caiff bleser o weithio â'i dwylo (adn. 13), a disgrifir hi fel un gref a nerthol (adn.17) sy'n codi cyn iddi ddyddio (adn. 15) ac sy'n gweithio trwy'r nos (adn. 18). Cyfeirir sawl gwaith at ei diwydrwydd yn gwneud dillad i'w theulu. Gwlân a llin (adn. 13) oedd defnyddiau cyffredin dillad yr Iddewon, ond nid oedd y Gyfraith yn caniatáu eu cymysgu, a hynny efallai am fod y naill yn ddefnydd wedi ei gynhyrchu a'r llall yn gwbl naturiol (gwe. Deut. 22:11). Ond trwy ei diwydrwydd a'i medrusrwydd yn defnyddio'r cogail a'r werthyd (adn. 19) cynhyrcha'r wraig fedrus ddillad drudfawr i'w theulu. Byddent yn glyd a chynnes mewn eira (adn.21) am ei bod hi wedi paratoi ar eu cyfer; ac adlewyrchir safon ei chynnyrch trwy ddweud fod ei gwisg ei hun o "liain main a phorffor" (adn.22). Roedd porffor yn hynod o ddrud, ac fe'i cysylltid yn anad dim â brenhinoedd.

Ond nid gwraig tŷ fedrus yn unig oedd y wraig hon chwaith. Caiff ei darlunio'n darparu ymborth i'w theulu ac yn trefnu gwaith y morynion (adn.15), ond dywedir hefyd iddi lwyddo ym myd busnes. Buddsoddodd mewn tir a phlannodd winllan (adn. 16), a phwysleisir na fydd pall ar ei henillion (adn. 11) ac y bydd ei busnes yn broffidiol (adn. 18). Llwyddodd ym myd dynion, a gellir yn hawdd ddychmygu ei dycnwch wrth fargeinio a'i gofal wrth brynu a gwerthu nwyddau. O ganlyniad i'w gwaith a'i gofal, y mae'n hyderus "ac yn wynebu'r dyfodol dan chwerthin" (adn.25).

Ond er yn hyderus, nid yw'n haerllug nac yn hunanol. Estyn ofal i'r tlawd a'r anghenus (adn.20), ac y mae ei geiriau'n ddoeth a charedig wrth rai a fydd yn dod ar ei gofyn am gyngor (adn. 26). Yn wir, awgrymodd un esboniwr fod blas cariad cyfamodol Duw ar ei charedigrwydd (hesed), a bod ei geiriau'n garedig am eu bod yn tarddu o'r cyfamod rhwng Duw a'i bobl. Nid oes rhyfedd y dywedir y bydd ei phlant yn prifio ac yn ei bendithio a'i gŵr yn ei chanmol (adn.28), ac y mae'n werth nodi'r dyfarniad a geir ar ei llafur;
"Y mae llawer o ferched wedi gweithio'n fedrus,
ond yr wyt ti'n rhagori arnynt i gyd" (adn. 29).

Cymhwyso

Ymddengys mai cefnogi ei gŵr a darparu aelwyd ddiogel a chysurus i'w theulu yw prif rinweddau'r wraig fedrus; ac yn hyn o beth, mae'n amlwg nad oes yn y gerdd hon werthfawrogiad ohoni ar wahân i'r gwasanaeth y mae'n ei roi a'r gwaith y mae'n ei gyflawni. Yn ôl amryw, mae'r fath agwedd yn tanseilio ac yn dibrisio statws y ferch, ac eto mae'n syndod meddwl pa mor aml y darllenir y gerdd hon mewn angladd. Er gwaethaf ei hagwedd nawddoglyd at ferched, defnyddir hi o hyd am ei bod yn rhoi bri ar ddarbodaeth a gofal, yn pwysleisio gwerth ymdrech a gwaith caled, ac yn clodfori cyfraniad mam i'w theulu.

Sylwer hefyd pa nodweddion na cheir sôn amdanynt yn y gerdd hon. Ni ddywedir fod y wraig hon yn brydferth, ac nid oes gyfeiriad o gwbl at ei rhywioldeb: dwy nodwedd a gaiff le hefyd yng Nghaniad Solomon ac a fyddai'n ddisgwyliedig mewn unrhyw folawd i wraig yn ein cyfnod ni.

Ni chyfeirir at ei pherthynas â'i gŵr chwaith, ar wahân i ddweud ei bod yn dwyn elw iddo. Yn wir, mynnir mai rhywbeth twyllodrus yw tegwch, a deallodd rhai esbonwyr hynny i olygu mai twyllodrus yn aml yw agwedd gyfeillgar. Ychwanegir hefyd fod harddwch yn darfod (adn.30). Y mae gwir fawredd y wraig fedrus yn tarddu o'i pherthynas â Duw, gan mai'r un sy'n ofni'r Arglwydd sy'n haeddu cael ei chanmol. Dylai hi gael mwynhau ffrwyth ei llafur a derbyn clod cyhoeddus (adn.31).

Sylwer hefyd fod y gerdd drwyddi draw yn rhagdybio y bydd bywyd yn anodd ac yn ymdrech. Gwelodd rhai ddelweddau milwrol ynddi; e.e. 'ysbail' yw ystyr llythrennol y gair a gyfieithir fel 'enillion' (adn. 11), a gair o fyd helwriaeth, sef 'ysglyfaeth', gyfieithir fel 'bwyd' (adn. 15). Nid yw bywyd yn hawdd, ac nid oedd awdur y gerdd hon yn disgwyl iddo fod yn hawdd. Ond daw hyder o ofni'r Arglwydd. Heddiw, mewn byd y mae ei ddiogelwch a'i gynnydd yn dibynnu llai ar ymdrech bersonol, lle ceir o hyd ryw lun ar wladwriaeth les a gofal cymdeithasol, oni ddiflannodd peth o rym y cymhelliad i fyw'n ddiogel?

Trafod

A gredwch y byddai merched heddiw'n falch o gael eu disgrifio fel y disgrifir y wraig fedrus yn y gerdd hon?

Y mae'r pwyslais cyfoes ar degwch pryd a rhywioldeb yn peri fod amryw o bobl yn teimlo'n israddol ac annigonol, ac y mae cyfraniad gwraig y tŷ wedi ei ddibrisio gan y pwyslais cyfoes ar y wraig broffesiynol, ddeniadol sydd â gyrfa ganddi.

Beth yw effaith colli'r sylweddoliad na fydd bywyd byth yn hawdd?

Yn eich tyb chi, pa un yw nodwedd orau'r wraig fedrus?

Gwers 19
Henaint

"Y mae gwallt sy'n britho yn goron anrhydedd;
fe'i ceir wrth rodio'n gyfiawn" (16:31).

Yn ôl y ddihareb hon, nod anrhydedd yw penwynni. Dywedir fod cysylltiad uniongyrchol rhwng henaint a byw'n gyfiawn. Ni raid meddwl mai gwobr am fyw'n ddoeth yw cyrraedd hen ddyddiau, ond gellir dal fod bywyd cyfiawn yn fwy llesol i'r unigolyn, ac o'r herwydd yn fwy tebygol na bywyd gwargam ac ofer o beri iddo gyrraedd gwth o oedran. Dyna, fel y gwelwyd eisoes, honiad cyson Llyfr y Diarhebion: ar y cyfan, y mae bywyd da'n well, er nad yw'n sicrhau bendith a llwyddiant. Ar un olwg, mae'r pwyslais hwn yn taro tant yn ein dyddiau ni. Oherwydd heddiw, yn fwy nag erioed o'r blaen, ceir pwyslais ar fwyta'n iach a chadw'n heini ac osgoi straen a gofalon gormodol, a hynny er mwyn byw'n hapus a chyrraedd hen ddyddiau heb y beichiau hynny a all droi bywyd yn fwrn. Ac o ystyried popeth, mae'n siwr fod llawer iawn o fudd yn yr anogaeth i fyw felly. Ond nid yw, fwy na phwyslais Llyfr y Diarhebion ar arddel doethineb, yn rhwym o gael yr effaith a ddisgwylir.

Ar y cyfan, mae'r Hen Destament yn parchu henaint, ac fe gysylltid penwynni â doethineb. Afraid dweud nad yw pawb sy'n hen a phenwyn yn ddoeth. Ac fe geir doethineb hefyd ymysg yr ifanc. Ond "gogoniant yr ifanc yw eu nerth, ac addurn i'r hen yw penwynni" medd dihareb arall (20:29). Mae'r 'nerth' yma'n golygu mwy na bôn braich, golyga'r nwyf a'r gallu i brofi ac i fwynhau amrywiaeth bywyd. Dyna'r gallu a gollir gyda dyfodiad henaint, ac adlewyrchir hynny yng ngeiriau Barsilai wrth y brenin Dafydd pan wahoddodd y brenin ef i'w lys:
"Yr wyf yn bedwar ugain oed erbyn hyn; ni allaf ddweud y gwahaniaeth rhwng da a drwg; nid wyf yn medru blasu yr hyn yr wyf yn ei fwyta na'i yfed, na chlywed erbyn hyn leisiau cantorion a chantoresau" (2 Sam. 19:35).

Ond er cilio'r nerth a fwynhawyd gynt, argyhoeddiad yr Hen Destament yw bod henaint yn dod â phrofiad a doethineb, a bod yr hen i'w parchu ar gyfrif hynny. Mewn byd ansicr, heb fanteision meddygaeth a gofal iechyd ein dyddiau ni, onid oedd cyrraedd gwth o oedran ynddo'i hun yn gamp, ac yn arwydd clir o allu a dycnwch wrth ymdopi â holl anawsterau bywyd?

Nid ar sail eu doethineb a'u profiad yn unig y cai'r hen eu parchu. Fe'u perchid hefyd yng nghyd-destun y teulu, ac yr oedd plant ac wyrion yn cael eu hystyried yn arwyddion sicr o fendith Duw ar eu bywyd;
"Coron yr hen yw plant eu plant,
a balchder plant yw eu rhieni" (17:6).

Adlewyrchir yr agwedd hon sy'n ystyried henaint ac epil yn arwydd o fendith yn y dyfarniad ar Job a geir ar ddiwedd y llyfr sy'n dwyn ei enw:

"Bu Job fyw gant a deugain o flynyddoedd ar ôl hyn, a chafodd weld ei blant a phlant ei blant hyd bedair cenhedlaeth. Bu farw Job yn hen iawn, mewn gwth o oedran" (Job 42:16–17).

Cymaint oedd pwyslais yr Iddewon ar yr uned deuluol fel yr ystyrid fod gwarth neu anrhydedd un aelod o'r teulu'n cael effaith ddigamsyniol ar y gweddill. Gwelwyd eisoes fel y gallai plant anystywallt ddwyn gofid i rieni, ond diau y gallai rhieni ffôl hefyd ddwyn gwaradwydd ar eu plant, er nad oes nemor ddim cyfeirio uniongyrchol at hynny yn Llyfr y Diarhebion.

Cymhwyso

Mae sut i ofalu'n deilwng am boblogaeth sy'n heneiddio'n fater difrifol iawn yn ein cymdeithas ni bellach. Cydnabuwyd fwyfwy'r gofal sydd ei angen arnom wrth fynd yn hwn, ond ni ddaeth y ddarpariaeth ymarferol law yn llaw bob amser â'r parch a'r cwrteisi y gellid yn rhesymol eu disgwyl. Ceir adroddiadau mynych yn y wasg am henoed yn cael eu hesgeuluso, prinder adnoddau digonol i ddarparu gofal teilwng ar yr aelwyd, a diffyg ymwybyddiaeth o feichiau henaint. Caiff y beichiau hynny eu disgrifio'n drawiadol yn Llyfr y Pregethwr (12:1–8), ond ni ddylid ar unrhyw gyfrif ystyried henaint yn unig yng nghyd–destun baich a rhwystr.

Mae pwyslais Llyfr y Diarhebion yn gadarnhaol yn hyn o beth, ac onid un cyfraniad sylweddol y gall eglwys a chynulleidfa ei wneud i'w haelodau hynaf yw eu hatgoffa a'u sicrhau o'u gwerth a'u gallu i gyfrannu i gymdeithas y credinwyr? Ceir amryw o henoed nad ydynt yn llesg, sy'n byw bywyd i'w ymylon ac yn mwynhau iechyd da. A hyd yn oed pan fo 'beichiau bywyd yn trymhau' nid yw hynny'n golygu fod y profiadau a gasglwyd yn mynd yn ddiwerth. Yn wir, gellid ystyried fod geiriau'r Apostol Paul wrth y Corinthiaid yn berthnasol i'w cymhwyso gyda golwg ar ymdopi â henaint a rhoi'r pwyslais ar dwf ysbrydol yn hytrach na dirywiad corfforol.

"Am hynny, nid ydym yn digalonni. Er ein bod yn allanol yn dadfeilio, yn fewnol fe'n hadnewyddir ddydd ar ôl dydd. Oherwydd y baich ysgafn o orthrymder sydd arnom yn awr, darparu y mae, y tu hwnt i bob mesur, bwysau tragwyddol o ogoniant i ni, dim ond i ni gadw'n golwg, nid ar y pethau a welir, ond ar y pethau na welir. Dros amser y mae'r pethau a welir, ond y mae'r pethau na welir yn dragwyddol" (2 Cor. 4:16–18).

Ac yn olaf, mae'n rhaid sylwi hefyd ar agwedd Llyfr y Diarhebion at epil a disgynyddion. Yn nhyb yr Iddewon, bendith fawr oedd parhad enw a choffadwriaeth mewn disgynyddion, ac ystyrid y gallu i epilio yn arwydd o ffafr Duw. Bellach rhoddir sylw mawr i ofid cyplau o bob math na all, am amrywiol resymau, gael plant, a gwneir ymdrechion mawr yn aml i helpu mewn sefyllfaoedd felly. Ond dylid cofio hefyd fod rhai pobl yn dewis peidio â chael teulu, neu'n fodlon byw heb y bendithion a ddaw trwy blant. Oni ddylid bod yn ofalus, nid yn unig rhag gwneud i'r bobl hŷn deimlo'n wrthodedig, ond rhag gwneud i'r di-blant a'r digymar deimlo'n israddol? Eto i gyd, barn bendant rhai gwyddonwyr fel Richard Dawkins yw mai parhad DNA yw unig ddiben bywyd.

Trafodwch
Nodwch rai o fendithion henaint.

Beth tybed yw gwersi mwyaf oes hir?

Sut y mae hybu dealltwriaeth rhwng cenedlaethau?

A roesom fel cymdeithas ormod o bwyslais ar y ddelfryd o fagu plant a chael teulu?

Gwers 20
Enw da

"Mwy dymunol yw enw da na chyfoeth lawer,
a gwell yw parch nag arian ac aur" (22:1).

Mae'r ddihareb hon yn mynegi gwirionedd sy'n cael ei gydnabod yn gyffredin hyd yn oed mewn oes mor faterol ac ariangar â'n hoes ni. Nid arian yw popeth; ni all cyfoeth brynu hapusrwydd; ac y mae mwy i fywyd na meddiannau.

Dyna wirioneddau yr ydym yn gyfarwydd â'u clywed, ond go brin fod y pwyslais ar enw da wedi parhau mor gadarn yn ein cymdeithas. Mae pobl heddiw'n tueddu mwy at ddweud fod pawb yn ffaeledig, nad oes neb yn berffaith, a 'heb ei fai, heb ei eni'. Aethom yn fwy goddefgar o wendidau. Ond aethom hefyd yn fwy amheus o gymeriad ac enw da, a thueddwn i gredu fod pob ymddangosiad dilychwin o reidrwydd yn cuddio llu o bechodau.

I'r Iddewon, yr oedd enw person yn ddrych o'i gymeriad, a'r drych hwnnw o reidrwydd yn adlewyrchu'r gwir am y cymeriad. Newidiwyd enw Jacob i Israel, i gyd-fynd â'r newid yn ei gymeriad (Gen. 32:28), a chawn ein hatgoffa hefyd o'r hyn a ddigwyddodd i Saul ar y ffordd i Ddamascus, a'r modd yr adweinid ef byth wedyn fel yr Apostol Paul (gwe. Act. 9:1-9; cymh. Act. 13:9). Rhoddid gwerth neilltuol ar natur a chymeriad cymeradwy, ac y mae enw da yn yr Hen Destament yn adlewyrchu bri a safiad unigolyn ar gyfrif ei natur fewnol.

Agwedd arall ar yr un pwyslais oedd bod enw da'n sail i goffadwriaeth a fyddai'n parhau am genedlaethau. Beth bynnag a ddywed yr Hen Destament am fywyd tragwyddol, byddai enw da'n cadw unigolyn yn fyw yng nghof ei deulu a'i gymuned. Ond diflannu wnai enw'r drygionus (10:7; cymh. Job 18:17; Eccles. 41:12–13). Roedd enw da'n gydnabyddiaeth fod cyfeillion a chydnabod yn gweld a gwerthfawrogi'r doethineb mewnol a oedd yn nodweddu'r bywyd allanol oedd yn cael ei arfer ag urddas ac anrhydedd.

Yn hynny o beth, roedd enw da'n fwy gwerthfawr na chyfoeth, a'r parch a ddeilliai o'r fath gydnabyddiaeth yn well nag arian ac aur (cymh. 27:21). Fel y gwelwyd eisoes, nid yw'r Hen Destament yn dirmygu cyfoeth. Mewn gwirionedd, mae'n ystyried cyfoeth fel arwydd o fendith Duw a phrawf o ddoethineb. Ond gellid ennill cyfoeth hefyd trwy dwyll, ond dim ond law yn llaw â rhinwedd y deuai enw da i neb. Gallai cyfoeth ddiflannu, ond byddai enw da'n parhau. A chyda pharch, caed dylanwad a safiad o fewn y gymdeithas. Meddai Job, gan gofio dyddiau ei anterth:

"Awn allan i borth y ddinas,
ac eistedd yn fy sedd ar y sgwâr;
a phan welai'r llanciau fi, cilient,
a chodai'r hynafgwyr ar eu traed;
peidiai'r arweinwyr â llefaru,
a rhoddent eu llaw ar eu genau;
tawai siarad y pendefigion,
a glynai eu tafod wrth daflod eu genau" (Job 29:7–10).

Yr oedd gan rai dynion drwg gyfoeth bryd hynny, fel yn awr. Ond go brin fod ganddynt y parch a'r dylanwad a adlewyrchir yng ngeiriau Job yma. Mynegir hynny'n drawiadol mewn dihareb sy'n dweud bod pobl ddidostur yn ennill cyfoeth (a dim ond cyfoeth yw'r awgrym!) fel y mae gwraig raslon yn cael clod (11:16). Gellid gweld natur pobl yn eu gweithredoedd, a'u cymeriad yn eu hagwedd; ac yr oedd rhai ffaeleddau'n hynod o drawiadol:

"Fel modrwy aur yn nhrwyn hwch,
felly y mae gwraig brydferth heb synnwyr" (11:22).

Cymhwyso

Y tu ôl i bwyslais Llyfr y Diarhebion ar enw da, ceir hyder rhyfeddol yng ngallu pobl i weld drwy bob twyll a rhagrith a chanfod gwir natur cymeriad. Wrth i mi ysgrifennu'r geiriau hyn, mae Tiger Woods, seren y byd golff, yn ôl yn y newyddion am ei fod yn cystadlu yn nhwrnamaint enwog yr US Masters wedi cyfnod o bum mis allan o'r gêm ar gyfrif datgeliadau am ei fywyd personol. Bu Woods, meddir, yn gyson anffyddlon i'w wraig, gan ymroi i sawl perthynas y tu allan i'w briodas, ond hyd nes y cafodd ddamwain car ger ei gartref ym mis Tachwedd, 2009 roedd ganddo ddelwedd euraid yn y cyfryngau, ac roedd parch mawr ato. Ond diflannodd hynny; dadrithiwyd y cyhoedd;

ymddiheurodd yntau; a bellach mae'n ôl unwaith eto'n ceisio profi ei ddawn a dringo drachefn i frig ei gamp.

Nid yw cyfoeth, parch na chydnabyddiaeth yn warant o gymeriad clodwiw. Ond fel yr awgrymwyd eisoes, yr un mor niweidiol â rhagrith yw'r agwedd meddwl honno sy'n gweld twyll ym mhob man a drwg ym mhawb.

Y mae'r eglwys yn aml yn rhoi gwerth mawr ar farn pobl amdanom. Dyna, wedi'r cyfan, un sail i ethol diaconiaid a chodi blaenoriaid. Dylai pawb sy'n ymwneud ag achos Iesu Grist fod yn ymwybodol o'r drwg neu'r lles y gall y modd y maent yn byw ei wneud i'r achos hwnnw. Ond ynghlwm wrth y ffydd Gristnogol hefyd y mae'r ymwybyddiaeth fod rhaid weithiau sefyll yn erbyn y llif; ac nad yw nodweddion y bywyd newydd yn cyd-daro â delfrydau cymdeithas bob amser; a bod rhaid i'r credinwyr weithiau roi heibio'u henw da a'u poblogrwydd "er fy mwyn i ac er mwyn yr Efengyl" (Mc. 10:29).

Eto i gyd, y mae'r Testament Newydd hefyd yn pwysleisio'r hyn a geir yn gyson yn Llyfr y Diarhebion: bod byw'n ddoeth yn sicr o ddwyn cymeradwyaeth Duw a pharch cyd-ddyn. Dyna oedd y dyfarniad am Iesu wedi iddo fod yn y Deml yn holi'r athrawon a gwrando arnynt pan oedd yn ddeuddeg oed; ei fod "yn cynyddu mewn doethineb, a maintioli, a ffafr gyda Duw a'r holl bobl" (Luc 2:52). Yr un modd, mae'r Apostol Paul yn sicrhau Cristnogion Rhufain y byddai gweithredu mewn modd na fyddai'n achos cwymp i neb yn gymeradwy yng ngolwg Duw ac yn dderbyniol gan bawb arall (Rhuf. 14:18).

Trafod
Pam, tybed, yr honnir fod parch, derbyniad a chymeradwyaeth ffrindiau a chydnabod yn well na chyfoeth?

Wrth golli hyder yn ein gilydd ac mewn daioni'n gyffredinol, a ydym wedi colli sylfaen pob cymeradwyaeth a chanmoliaeth?

Beth yw eich blaenoriaethau mewn bywyd? Sut ewch chi ati i geisio eu gwireddu?

Sut byddech yn hoffi cael eich cofio; gan bwy a phaham?

Gwers 21
Cyfeillgarwch a chymdeithas dda

"Y mae haearn yn hogi haearn,
ac y mae pob un [yn] hogi meddwl ei gyfaill" (Diar. 27:17).

Y mae cyfeillgarwch yn thema amlwg yn Llyfr y Diarhebion. Ceir ynddo ymwybyddiaeth o'r rheidrwydd i feithrin a gwarchod cyfeillgarwch, ac o werth ffrindiau mewn cyfnod o adfyd. Er gwaethaf y pwyslais cyfoes ar yr unigolyn, ni all yr un ohonom fyw a phrifio'n gymeriadau aeddfed heb gyswllt ystyrlon â phobl eraill. Mae cyswllt felly'n dwyn bendithion o'r ddeutu, a dyna a fynegir mor gryno yn y ddihareb gyntaf y sylwn arni yn awr (27:17). Fel y mae rhwbio un darn o haearn wrth y llall yn rhoi min ac awch, felly hefyd y mae cyfeillion sy'n ymwneud â'i gilydd yn cymhwyso a pharatoi'r naill a'r llall ar gyfer bywyd.

Efallai fod hynny'n arbennig o wir am finiogi'r meddwl; trwy drafodaeth a dadl deuwn i allu crisialu syniadau a mynegi ein hunain yn glir a chryno. Ond cofier fod hogi unrhyw erfyn yn llwyddiannus yn gofyn am gryn fedrusrwydd. Ni fydd siarad gwag ac arwynebol yn hogi meddwl neb; a rhaid wrth ymroddiad ac amynedd os yw twf ac aeddfedrwydd i ddilyn.

O sylweddoli gwerth cyfeillgarwch, cam bychan iawn yw sylweddoli fod cyfeillgarwch yn arbennig o werthfawr mewn cyfnod o adfyd. Cofier hefyd fel yr oedd yn rhaid i bobl yn yr Hen Fyd ddibynnu llawer mwy ar deulu a chyfeillion a chydnabod nag a wnawn ni heddiw, a bod cefnogaeth a chymorth yn aml iawn yn gallu golygu'r gwahaniaeth rhwng byw a marw. Tanlinellir yn y ddihareb hon bwysigrwydd cynnal amrywiol gysylltiadau personol a theuluol:
"Paid â chefnu ar dy gyfaill a chyfaill dy rieni,
a phaid â mynd i dŷ dy frawd yn nydd dy adfyd.
Y mae cyfaill agos yn well na brawd ymhell" (27:10).

Y mae'r anogaeth i gynnal cysylltiadau teuluol, ynghyd â chyfeillgarwch mwy personol, yn amlwg. Ond nid yw ail gymal y frawddeg gyntaf yr un mor eglur. Awgrymodd rhai bod rhywbeth ar goll yma, neu mai'r ystyr yw na ddylid llethu brawd â phroblemau. Gwyddom oll am bobl na ddaw byth ar ein gofyn ond pan fo arnynt angen cymwynas! Awgrym arall yw ei bod yn haws gofyn am help gan gyfaill na brawd am ein bod, chwedl pobl, yn cael dewis ein cyfeillion; mae cyfeillgarwch yn golygu hoffter ac agosrwydd, ond ni chaiff neb ddewis ei deulu. Efallai hefyd mai'r ergyd yw bod y cyfaill wrth law a'r brawd ymhell i ffwrdd. Rhaid wrth gymorth pan fo ei angen, a gallai hynny fod yn arbennig o wir pan fo perygl. Ond o gofio am gymdeithasau sefydlog yr Hen Fyd, go brin fod brodyr yn aml iawn yn byw ymhell oddi wrth ei gilydd. Beth bynnag oedd yr union syniad y tu ôl i'r dywediad hwn, nid oes gwadu'r pwyslais canolog a'r anogaeth i beidio ag esgeuluso cyfeillgarwch. Eto i gyd, mae yn Llyfr y Diarhebion hefyd ymwybyddiaeth y gall cyfeillgarwch fod yn arwynebol a thwyllodrus;

"Honni eu bod yn gyfeillion a wna rhai;
ond ceir hefyd gyfaill sy'n glynu'n well na brawd" (18:24).

Yr un gair a ddefnyddir yma ag yn Llyfr Ruth pan ddywedir iddi *lynu* wrth Naomi (Ruth 1:14). Cofiwn i Ddyfed gydio yn yr un ddelwedd pan ddywedodd am Iesu:

"Dyma gyfaill bery'n ffyddlon,
ac a lŷn yn well na brawd." (*Caneuon Ffydd*, 590)

Un ffordd sicr o danseilio cyfeillgarwch oedd i rywun wneud pla ohono'i hun yn nhŷ ei gymydog:

"Paid â mynd yn rhy aml i dŷ dy gymydog,
rhag iddo gael digon arnat, a'th gasáu" (25:17).

Ffordd arall oedd peri annifyrrwch: hyd yn oed os oedd y cymhelliad yn gymeradwy, byddai'r effaith yn dra niweidiol:

"Y mae'r un sy'n bendithio'i gyfaill â llef uchel,
ac yn codi'n fore i wneud hynny,
yn cael ei ystyried yn un sy'n ei felltithio" (27:14).

Yr oedd cymdeithas dda'n bwysig, a cheir sawl anogaeth i beidio â chreu cynnen. Gallai chwarae droi'n chwerw a chellwair beri anghydfod (26:18–19). Gwell hefyd oedd cuddio tramgwydd er mwyn hybu cyfeillgarwch, gan na fyddai ailadrodd yr hyn a ddioddefwyd wrth eraill ond yn gwaethygu'r berthynas (17:9). Dylid ymgadw rhag ymgyfreithio, neu hyd yn oed ddwyn cyhuddiadau personol. Ond os oedd gwneud hynny'n anochel, dylid siarad yn uniongyrchol â'r sawl yr oedd y gŵyn yn ei erbyn, nid y tu ôl i'w gefn, a chymryd pob gofal, gan y byddai torri cyfrinach yn siwr o arwain i helynt (25:8–10). Hyd yn oed os oedd cyhuddiad yn wir, nid oedd mantais i'w chael o'i fynegi os na ellid ei brofi. Gallai'r sawl a gyhuddid mor hawdd â dim droi'r drol ar ei gyhuddwr, a thaenu straeon celwyddog amdano. Roedd yn hawdd iawn hefyd camgymryd sefyllfa a oedd ar yr olwg gyntaf yn gwbl amlwg; ac am hynny pwyll piau hi bob amser wrth ystyried unrhyw fath o gyhuddiadau.

Ond yr oedd cerydd cyfaill, ar y llaw arall, yn rhywbeth i'w drysori a'i werthfawrogi (27:6). Weithiau, dim ond cyfaill a all ddweud y caswir wrthym, a gwelsom eisoes yn Llyfr y Diarhebion y pwyslais y dylai'r doeth wrando ar feirniadaeth a dysgu oddi wrth bob camgymeriad. Ni ellid gorbrisio cyfeillgarwch cywir; yr oedd i'w gymharu â'r pethau mwyaf gwerthfawr a moethus, ac yr oedd ei effaith yn amlwg:
"Y mae olew a phersawr yn llawenhau'r galon,
a mwynder cyfaill yn cyfarwyddo'r enaid" (27:9).

Cymhwyso
Y mae thema cyfeillgarwch yn oesol ei pherthnasedd, a'r rheidrwydd i hybu cymdeithas dda yn gyfrifoldeb na ddylai neb ohonom ei esgeuluso. Sylwer, fodd bynnag, pa mor graff yw'r diarhebion, a pha mor ofalus y mae'n rhaid bod wrth drin a thrafod pobl. Nod amgen aeddfedrwydd yw'r gallu i ddirnad yr hyn nad yw'n gwbl amlwg o fewn perthynas ar yr olwg gyntaf, a bod yn agored i awgrym ac amnaid ac i glywed yr hyn na chaiff ei fynegi ar dafod leferydd.

Mae cyfeillgarwch hefyd yn hawlio goddefgarwch, parodrwydd i gyd–ymddwyn, doethineb i dewi, a mesur helaeth o ffyddlondeb. Mewn oes sydd byth a beunydd yn pwysleisio hawliau ac sy'n mynnu dal rhywun yn gyfrifol am bob damwain, mae gwybod pryd i ymatal yn bwysig.

Y mae dyfnder perthynas yn rhywbeth sydd raid ei feithrin, a chyfeillgarwch yn beth y gellir ei golli. Mewn oes sydd mewn sawl cyd-destun gwahanol yn tueddu i ddisodli cymwynas a throi pob perthynas yn un swyddogol, fel bod rhaid cael hawl i wneud hyn a thrwydded i gyflawni rhywbeth arall, mae perygl amlwg o golli golwg ar werth cyfeillgarwch a'r cwbl sy'n deillio ohono.

Trafod

Beth sy'n hybu, a beth sy'n lladd cyfeillgarwch?

A ddylai'r eglwys roi mwy o bwyslais ar feithrin cyfeillgarwch rhwng aelodau?

Mewn cymdeithas sy'n dioddef yn fawr o gamymddwyn cymdeithasol, lle nad yw pobl yn aml yn hidio am farn ei gilydd, collwyd sylfaen llawer o'r diarhebion y sylwyd arnynt.

Ni all cyfeillgarwch ffynnu ond lle ceir doethineb.

Gwers 22
Gelyniaeth a chynnen

"Os yw dy elyn yn newynu, rho iddo fara i'w fwyta,
os yw'n sychedig rho iddo ddŵr i'w yfed;
a byddi felly'n pentyrru marwor ar ei ben,
ac fe dâl yr Arglwydd iti" (Diar. 25:21).

Y mae'r geiriau hyn yn ein hatgoffa am anogaeth Iesu yn y Bregeth ar
y Mynydd i garu gelynion (gwe. Math. 5:38-48). Er na cheir yn Llyfr y
Diarhebion, fel y cyfryw, anogaeth i wneud hynny, y mae ynddo agwedd
gyfrifol ac ymataliol iawn at ddialedd.

Nid at ddialedd swyddogol y Gyfraith oedd yn pennu cosb y cyfeiria'r
diarhebion yn gyffredinol ond at ymwneud pobl â'i gilydd o fewn y
gymuned. I sicrhau cymdeithas dda, roedd dialedd yn dderbyniol, ond
dim ond o fewn terfynau. Cyfeiria Iesu at egwyddor lywodraethol yr
Hen Destament, 'Llygad am lygad a dant am ddant' (gwe. Ex. 21:23–
25; cymh. Math 5:38). Ac er bod honno'n swnio'n farbaraidd iawn i ni
bellach, yr oedd yn ymgais wirioneddol i gyfyngu dialedd i'r hyn y credid
oedd yn rhesymol. Hyn a hyn, a dim rhagor, a ganiateid; ac i'r un
diben hefyd y darparwyd dinasoedd noddfa'n lloches i rai oedd wedi
"lladd rhywun trwy amryfusedd" (gwe. Jos. 20) fel y gallent gael lloches
cyn cael gwrandawiad teg.

Ceir diarhebion eraill hefyd sy'n cymell agwedd ymataliol a charedig at
rywun a achosodd dramgwydd (e.e. 19:11). Ond sylwer fod y
cymhelliad dros wneud hynny yma braidd yn negyddol: bydd
gweithredu'n garedig rywfodd yn cynyddu anesmwythyd y gelyn ac
yn ychwanegu at ei ofid. 'Os cyfarchwch bobl nad ydynt yn eich
cydnabod ac sydd wedi digio efo chi', meddai siopwr ym Mhorthmadog
unwaith, 'bydd hynny'n fwy o wenwyn iddynt na dim!' Yr un ydi'r meddwl
yma; bydd caredigrwydd yn ddialedd.

Honnodd rhai esbonwyr fod y cyfeiriad ar farwor yn cael ei bentyrru
am ben y sawl y gweithredir yn garedig tuag ato yn tynnu sylw at wrid
a chywilydd y gelyn wrth iddo dderbyn y fath garedigrwydd. Pwysleisia

eraill y ceid arfer yn yr Aifft a fynnai fod rhai a oedd am wneud penyd yn cario basgedaid o farwor ar eu pen yn arwydd o hynny. Ond go brin fod y naill esboniad na'r llall yn llwyr argyhoeddi, a'r unig gasgliad rhesymol yw y dywedir yma fod ymateb i elyniaeth efo caredigrwydd rywfodd yn ddialedd effeithiol ar y gelyn.

Y tu ôl i'r ddihareb hon hefyd mae'r syniad mai Duw piau'r dial (gwe. Deut. 32:35). Cyfeiria Paul ati yn ei Lythyr at y Rhufeiniaid, lle mae'n annog credinwyr i adael y dial i Dduw (gwe. Rhuf 12:17–21), ac y mae'r Salmau hefyd yn cyfeirio at bobl sy'n 'disgwyl wrth yr Arglwydd' ac yn ymddiried pob dialedd iddo (cymh. Salm 25:3).

Ni ddylid ymhyfrydu, fodd bynnag, yn y dialedd a ddwg Duw ar elynion (24:17–18; cymh. Job 31:29), a hynny rhag i'r fath ymddygiad beri i Dduw ei hun ffromi! Yr oedd yn dderbyniol i'r genedl lawenhau yng nghwymp ei gelynion (cymh. Ex.15:1–21), a rhaid pwysleisio mai at achosion personol y cyfeiria'r ddihareb hon. Pe bai Duw'n ffromi o achos i rywun ymhyfrydu yng nghwymp gelyn oni fyddai Duw'n gadael llonydd i'r gelyn? Yr ergyd yw mai eiddo Duw yw dialedd; ceisio mynegi hynny a wna'r ddihareb.

Os oedd talu drwg am ddrwg yn annerbyniol, yr oedd talu drwg am dda'n siwr o fod yn saith gwaeth na hynny. Dyna a gondemnir yn y ddihareb hon:
"Os bydd i neb dalu drwg am dda,
nid ymedy dinistr â'i dŷ" (17:13).

Yr oedd i'r fath weithredu ysgeler oblygiadau i'r gŵr a'i dylwyth. Byddai'r rhai a weithredai'n elyniaethus yn siwr o gael eu haeddiant. Ni ellid rhoi pris rhy uchel, fe ymddengys, ar ddedwyddwch a llonyddwch aelwyd, a cheir rhybuddion pendant yn mawrygu aelwyd ddedwydd:
"Gwell yw pryd o lysiau lle mae cariad,
nag ych pasgedig a chasineb gydag ef" (15:17).

"Gwell yw tamaid sych, a llonyddwch gydag ef,
na thŷ yn llawn o wleddoedd ynghyd â chynnen" (17:1).
Diau y byddai amryw yn cyd–fynd â'r farn hon heddiw, a dengys hynny unwaith eto natur oesol y diarhebion. Er nad yw pob un ohonynt yn

cynnwys gwirioneddau cyffredinol, a'u bod yn aml yn perthyn i le a chyd-destun arbennig, maent yn aml yn crynhoi ein meddwl ac yn mynegi ein teimladau ninnau.

Cymhwyso

Y mae teimlo llid oherwydd cam a ddioddefwyd yn gwbl naturiol, a'r awydd i dalu'r pwyth yn ôl hefyd yr un mor gyffredin. Nod amgen bywyd gwaraidd, fodd bynnag, yw ymatal. Mae'n amlwg o Lyfr y Diarhebion fod i hynny wedd ymarferol a moesol. Dylid ymatal rhag i bethau fynd yn waeth, rhag i'r drwg fynd ar gynnydd; a dylid ymatal hefyd am mai dyna sy'n iawn, neu am mai "Duw piau'r dial".

Y tu ôl i feddylfryd Llyfr y Diarhebion yn hyn o beth y mae'r awydd i greu a gwarchod cymdeithas dda. Mae dialedd yn ddinistriol, ac y mae i unigolion gymryd arnynt eu hunain y cyfrifoldeb o ddial yn gallu arwain i sefyllfaoedd eithafol. Nid adfer na chywiro yw nod dialedd, ond peri gofid, a hwnnw ar ei orau'n cyfateb i'r gofid a ddioddefwyd ac ar ei waethaf yn llawer mwy na hynny.

Yn ein cymdeithas ni mae cwestiwn dial yn brigo i'r wyneb mewn amrywiol ffyrdd. Gall fod yn ysfa bersonol yn dilyn cam honedig, a'r ysfa honno'n lladd yr unigolyn ac yn peri na all anghofio, heb sôn am faddau, rhywbeth a ddigwyddodd iddo.

Gall cwestiwn dialedd hefyd fod yn berthnasol mewn cyd–destun mwy swyddogol, yn arbennig gyda golwg ar gyfiawnder a chosb. I ba raddau y dylai drwgweithredwyr gael eu cosbi, a beth yw lle dialedd yn hynny? A yw dialedd bob amser yn ddrwg, a'r ysfa i ddial bob amser yn wrthun am nad yw'n gwneud dim ond cydnabod bai, gan anwybyddu'r posibilrwydd o adferiad? Fel cymdeithas, yr ydym wedi datblygu llawer iawn ers y cyfnod cyntefig, ond y mae Llyfr y Diarhebion yn dangos fod llawer o'r problemau a berthynai i'n cyndadau yn dal i'n poeni ninnau.

Trafod

A oes gennych gydymdeimlad a'r ysfa i ddial?

Beth yw eich ymateb i'r syniad o ddefnyddio caredigrwydd fel modd i beri annifyrrwch a thalu'r pwyth yn ôl?

Trafodwch y gwahaniaeth rhwng dial a chosb.

Beth yw ystyr dweud mai Duw piau'r dial?

Gwers 23
Cyfoeth a thlodi

"Y mae un peth yn gyffredin i gyfoethog a thlawd:
yr ARGLWYDD a'u creodd ill dau" (Diar. 22:2).

Wrth ymdrin â diarhebion sy'n ymwneud a chyfoeth a thlodi, rhaid cofio mai sylwadau ar fywyd ydynt mewn gwirionedd, heb fod ynddynt fawr o ymdrech i fynegi barn a chodi llais yn erbyn anghyfiawnder. Gan amlaf, fodd bynnag, fe'u bwriadwyd ar gyfer y cyfoethog, gan mai'r sylweddoliad sylfaenol a geir ynddynt yw bod cyfoeth yn dod â'r gallu i ddewis, a bod felly gyfrifoldeb ar y cyfoethog i ddewis yn ddoeth. Gocheler rhag darllen i mewn i'r diarhebion hyn synnwyr neu naws neu rym nad yw ynddynt.

Sylw yn sicr yw'r ddihareb a ddyfynnir ar gychwyn y wers hon; mynegiant o'r hyn sy'n amlwg i unrhyw un sy'n sylwi ar y byd o'i gwmpas. Dyna sut y mae'r byd, meddir. Ceir ynddo gyfoeth a thlodi, ac nid oes angen fawr o ddychymyg i ddirnad y gwahaniaethau sylweddol sydd rhwng amgylchiadau pobl gyfoethog a phobl dlawd. Ond ergyd y ddihareb yw bod gan y tlawd a'r cyfoethog rywbeth yn gyffredin hefyd, sef y ffaith iddynt gael eu creu gan Dduw. Nid ymhelaethir ar arwyddocâd hynny, ond mynegir y peth yn rhybudd amserol i bawb sydd â digon o adnoddau dros ben ar ôl gofalu am reidiau bywyd i allu dewis sut i'w defnyddio (cymh. Mth. 5:45).

Ceir yn Llyfr y Diarhebion hefyd ymwybyddiaeth o ba mor ansicr yw bywyd pobl dlawd. Nid oes ond angen i rywbeth annisgwyl ddigwydd, a chaiff eu byd ei droi wyneb i waered, a bydd eu diogelwch yn diflannu:
"Golud y cyfoethog yw ei ddinas gadarn,
ond dinistr y tlawd yw ei dlodi" (10:15).

Ceir yr un syniad mewn dihareb arall sy'n pwysleisio fod adnoddau'r cyfoethog "'fel mur cryf yn ei dyb ei hun" (18:11). Awgrymwyd mai ystyr hynny yw bod y cyfoethog yn gallu dwyn o'i adnoddau gysur a rydd iddo ddiogelwch tebyg i'r diogelwch a rydd dinas gadarn i'w thrigolion. Ond o ystyried yr adnod yn union o flaen y ddihareb hon, efallai nad yw'r diogelwch a ddygir gan gyfoeth mor sicr â hynny wedi'r cyfan:

"Y mae enw'r ARGLWYDD yn dŵr cadarn:
rhed y cyfiawn ato ac y mae'n ddiogel" (18:10).

Efallai mai twyllo'i hun a wna'r cyfoethog ac nad yw ei sefyllfa mor sicr ag y tybiodd. Ond beth bynnag am hynny, y mae Duw'n ddiogelwch i'r cyfiawn, ac nid oes unrhyw amheuaeth am hynny.

Caiff sefyllfa gymdeithasol y tlawd sylw mewn sawl dihareb (e.e. 19:4; 14:20; 19:7), a'r neges amlwg yw bod yn well gan bobl ar y cyfan gyfeillion cyfoethog na thlawd. Y rheswm am hynny, mae'n debyg, yw bod gan y cyfoethog adnoddau digonol i edrych ar ôl eu hunain, heb orfod pwyso ar neb arall. Ond byddai ymwneud â thlodion yn siwr o olygu cost, ac ni fyddai gan y tlodion byth ddim i'w gyfrannu at eu cynnal hwy. Darlunnir pawb yn cilio oddi wrth y tlawd, ac awgrymir na chaiff wrandawiad hyn yn oed pan fydd yn gofyn am gymorth: "Y mae'n eu dilyn â geiriau, ond nid ydynt yno" (19:7b).

Yn ôl pob golwg, nid oedd i dlodi unrhyw fantais. Yr unig adeg pan allai bod yn dlawd fod yn fanteisiol oedd pan fyddai lladron neu ddrwgweithredwyr yn gofyn am bridwerth yn gyfnewid am fywyd. Er y gallai'r cyfoethog brynu ei ddiogelwch dan y fath amgylchiadau, ni fyddai'r un dihiryn yn trafferthu gofyn i'r tlawd am bridwerth, gan na fyddai ganddo ddim i'w roi yn gyfnewid am ei fywyd:
"Y pridwerth am fywyd pob un yw ei gyfoeth,
ond ni chlyw'r tlawd fygythion" (13:8).

Nid oes gan Lyfr y Diarhebion ddim cadarnhaol i'w ddweud am dlodi: dywed yn gyson mai gwell yw bod yn gyfoethog na bod yn dlawd. Duw, meddir, sy'n rhoi cyfoeth (10:22), ac er y gall y drwg hefyd ymgyfoethogi, dros dro yn unig fydd hynny (gw. 11:18; 13:11; 21:6). Mae'r tlawd dan anfantais bob amser, gan fod pen praffaf y ffon dan bob amgylchiad gan y cyfoethog (cymh. 22:7). Nid condemnio cyfoeth a wneir yma, fodd bynnag, ond disgrifio sefyllfa'r tlawd a'r cyfoethog yn y byd. Yn wir, y mae perygl weithiau i ni ddarllen gormod i mewn i ambell ddihareb. Ystyrier, er enghraifft y geiriau hyn:

"Y mae'r tlawd yn siarad yn ymbilgar,
ond y cyfoethog yn ateb yn arw" (18:23).

Beth tybed yw'r ystyr? A gondemnir y cyfoethog am beidio ag ymateb yn fwy tosturiol i'r tlawd, ynteu a ganmolir y cyfoethog am beidio â gwrando ar swnian hunandosturiol pobl a ddylai ofalu'n well amdanynt eu hunain?

Cymhwyso

Y mae agwedd Llyfr y Diarhebion, sy'n sylwi ar fywyd o gyrion y llwyfan, megis, yn siwr o godi amryw o gwestiynau yn ein meddwl. Ai digon yw gwrando ar y sylwadau a cheisio byw mewn ffordd a fydd yn osgoi'r sefyllfaoedd annymunol sy'n goddiweddyd y tlawd? Ai digon, o gofio am sefyllfa anfanteisiol y tlodion, yw ymdynghedu i weithio'n galed i osgoi tlodi? Gwelwch a gochelwch yw'r neges waelodol: gochelwch rhag tlodi. Ac os ydych yn gyfoethog, ystyriwch eich cyfrifoldeb at y tlodion.

Ond y mae yn yr Hen Destament hefyd fwy na sylwadau ar hynt a helynt y byd. Mae ynddo godi llais yn erbyn anghyfiawnder, protestio yn erbyn annhegwch, a mynegi dig cyfiawn yn erbyn rhai sy'n gorthrymu'r tlawd. Mae Duw ei hun, meddir, yn ddig wrth y rhai sy'n gwneud hynny. Ond gan amlaf, gan y proffwydi y ceir y fath gerydd, ac y mae disgrifiad Amos o wragedd cyfoethog Samaria'n fwy chwyrn na dim a geir yn Llyfr y Diarhebion;
    "Clywch y gair hwn, fuchod Basan,
    sydd ym mynydd Samaria,
    sy'n gorthrymu'r tlawd ac yn treisio'r anghenus,
    sy'n dweud wrth eu gwŷr, 'Dewch â gwin, inni gael yfed" (Am. 4:1).

Y mae'n werth cofio hefyd bwyslais y Testament Newydd ar ddyfodiad Iesu mewn tlodi, y lle canolog gaiff y tlawd yn ei weinidogaeth a'r cymorth a roddodd iddynt, a'r fantais fawr sydd gan y tlawd dros y cyfoethog gyda golwg ar deyrnas Dduw. Y mae Mathew, Marc a Luc yn cofnodi geiriau Iesu pan ddywed ei bod "yn haws i gamel fynd trwy grau nodwydd nag i rywun cyfoethog fynd i mewn i deyrnas Dduw" (Math. 19:24; cymh. Mc.10:25; Luc 18:25).

Trafod

Canlyniad agwedd Llyfr y Diarhebion at dlodi yw hybu difaterwch.

Nid yw'r tlawd byth yn hapus; y cyfoethog sydd gan amlaf yn ddedwydd.

Beth yw canlyniadau ystyried tlodi yng nghyd-destun bywyd a gweinidogaeth Iesu, yr un oedd yn gyfoethog ac a ddaeth yn dlawd?

Celwydd yw dweud mai bai'r tlawd yw eu tlodi.

Gwers 24
Cyfiawnder i'r tlawd

"Y mae'r un sy'n gorthrymu'r tlawd yn amharchu ei Greawdwr, ond y sawl sy'n trugarhau wrth yr anghenus yn ei anrhydeddu" (Diar. 14:31).

Wedi sylwi ar agwedd Llyfr y Diarhebion at gyfoeth a thlodi, a gweld mai disgrifiadol gan mwyaf yw'r diarhebion sy'n ymwneud â hynny, heb fod ynddynt fawr o godi llais yn erbyn anghyfiawnder, mae'n rhaid pwysleisio y ceir yn Llyfr y Diarhebion hefyd, fel yn yr Hen Destament yn gyffredinol, bwyslais amlwg ar gynorthwyo'r tlodion.

Dyna'n sicr a fynegir yn y ddihareb uchod, a thynnir Duw i mewn i'r cyfrif. Nid rhywbeth personol a phreifat rhwng unigolion â'i gilydd yw'r fath gymorth; y mae'n adlewyrchiad uniongyrchol o agwedd y rhoddwr at Dduw. Cofiwn fel y sylwyd eisoes mai plant Duw yw'r tlawd a'r cyfoethog (22:2), a rhaid nodi hefyd fod sawl dihareb yn pwysleisio na fydd neb ar ei golled o roi i'r tlodion (gw. 19:17; 22:9; 28:27).

Y mae haelioni yn ddieithriad yn gofyn am hyder: hyder y bydd digon ar ôl wedi i'r rhodd gael ei chyflwyno, ac y bydd modd ennill rhagor o adnoddau. Ac y mae haelioni i'r tlawd yn Llyfr y Diarhebion yn gofyn am ymddiriedaeth yn Nuw. Ef, gellir tybio, fydd yn sicrhau na fydd y sawl sy'n rhoi i'r tlawd yn brin ei hunan, ac y caiff fendith(22:9). Yn wir, bydd yr haelionus, yn hyn o beth, fel petai "yn rhoi benthyg i'r Arglwydd" (19:17).

Nid yn unig yr oedd gofyn bod yn hael wrth y tlodion; yr oedd hefyd angen eu trin yn barchus. Dywedir fod yr "un sy'n gwatwar y tlawd yn amharchu ei Greawdwr" (17:5). Condemnir ymosodiadau geiriol a allai fod mor niweidiol â chyllell neu gleddyf (30:14), ac awgrymwyd hefyd fod y darlun o niweidio yn y fath fodd yn ddelwedd o anghyfiawnder (cymh. Mic. 3:2–3).

Gwelsom eisoes fod Llyfr y Diarhebion yn chwyrn ei gondemniad ar rai o achosion tlodi, megis diogi (ee. 6:10; 10:4–5). Mae'n cydnabod

bod rhai'n dlawd oherwydd diffyg ymdrech ac awydd i weithio. Ond ceir ynddo hefyd yr ymwybyddiaeth fod rhai o achosion tlodi y tu hwnt i allu'r tlawd i'w rheoli, a bod dyletswydd ar y da eu byd i gynorthwyo anffodusion mewn amgylchiadau felly.

Un o bennaf achosion tlodi oedd anghyfiawnder. Roedd anghyfiawnder bob amser yn wrthun, ond ystyrid bod anghyfiawnder at y tlawd yn hynod o ddieflig:
"Paid ag ysbeilio'r tlawd am ei fod yn dlawd,
a phaid â sathru'r anghenus yn y porth;
oherwydd bydd yr Arglwydd yn dadlau eu hachos,
ac yn difetha'r rhai sy'n eu difetha hwy (22:22-23. Cymh. Ex. 22:21-23; Deut. 24:14-15).

Llys barn, neu o leiaf le cyhoeddus lle y gwneid penderfyniadau pwysig, a olygir yma wrth gyfeirio at borth y dref (cymh. Ruth 4:1–12). Yno gallai cyfoethogion ennill mantais oherwydd eu statws a'u dylanwad, neu trwy lwgrwobrwyo eu cymheiriaid. Roedd y gallu i gael cyfiawnder, bryd hynny fel yn awr, yn dibynnu i raddau ar adnoddau'r sawl a geisiai wrandawiad. Ond mynnir y byddai Duw ei hun yn amddiffyn y rhai y ceisid eu hamddifadu o'u hawliau. Mae'r proffwydi'n hynod o effro i'r cam y gallai'r tlodion ei dderbyn mewn llys barn, a rhoddir llais i hynny gan Amos:
"Canys gwn mor niferus yw'ch troseddau
ac mor fawr yw'ch pechodau –
chwi sy'n gorthrymu'r cyfiawn, yn derbyn llwgrwobr,
ac yn troi ymaith y tlawd yn y porth" (Am. 5:12. Cymh. Am. 2:6; Eseia 1:23; 10:1–2; Jer. 5:28)

Yn aml, byddai tir y tlodion mewn perygl dan y fath amgylchiadau. Yr oedd i'r tir arwyddocâd arbennig yn Israel, fel yn y Dwyrain Agos yn gyffredinol, gan mai cymdeithas amaethyddol fu cymdeithas yr Iddewon am y rhan fwyaf o'i hanes. Ac yn ychwanegol at hynny, cysylltid y tir yn Israel ag addewid Duw i Abram (gwe. Gen. 12:1–3). Yn wir, ni ellid gwerthu tir yn barhaol, a phe collai tylwyth gyswllt â'u tir oherwydd dyled neu ryw reswm arall, byddai dyletswydd ar eu perthynas agosaf i brynu'r tir yn ôl i'r teulu. Neu os na ddigwyddai hynny, byddai'r tir yn cael ei ddychwelyd i ofal y teulu ym mlwyddyn y Jiwbilî a ddigwyddai bob pum mlynedd (gwe. Lef.25:24–34).

Yr oedd ceisio ennill tir trwy dwyll yn gamwedd ysgeler; a dyna y cyfeirir ato yn y diarhebion sy'n sôn am Dduw yn "diogelu terfynau'r weddw" (15:25) ac sy'n gwahardd symud hen derfynau a osodwyd gan yr hynafiaid (22:28) a meddiannu tiroedd yr amddifad (23:10).

Y mae'r weddw, yr amddifad a'r tlawd yn cynrychioli'r difreintiedig yn gyffredinol, sef y bobl hynny a safai ar ymylon cymdeithas, y gellid yn rhwydd eu hysbeilio a dwyn eu hawliau oddi arnynt. Bydd Duw'n siwr o'u hamddiffyn, meddir, a dengys hanes Gwinllan Naboth, nid yn unig fod hawliau brenin yn ddarostyngedig i'r rheidrwydd i barchu'r gyfraith ynglŷn â meddiant tir, ond y byddai Duw'n ymyrryd i gosbi anghyfiawnder (gwe. 1 Bren. 21).

Ond nid y cyfoethog yn unig oedd ar fai; gallai'r tlawd yr un modd yn rhwydd orthrymu'r tlawd, ac mae'r ddihareb hon yn ein hatgoffa am ddameg Iesu am y gwas diedifar (Math. 18:21-35):
"Y mae un tlawd yn gorthrymu tlodion,
fel glaw yn curo cnwd heb adael cynnyrch" (28:3).

Cymhwyso
Mae llawer o'r hyn a ddywed Llyfr y Diarhebion am dlodi'n taro tant yn ein dyddiau ni. Ceir o hyd o fewn ein cymdeithas ninnau rai sy'n dlawd oherwydd eu diffyg ymdrech eu hunain; a cheir hefyd rai sy'n fodlon edliw hynny i bob tlotyn yn ddiwahân.

Efallai nad yw tlodi mor amlwg yn ein cymdeithas ni ag ydoedd mewn cymdeithasau yn yr Hen Fyd, na mor amlwg ag y mae heddiw mewn gwledydd llai datblygedig. Rhoddwyd sylw mawr yn ddiweddar i dlodi plant yng Nghymru, ac mewn oes pan geir set deledu ym mhob cartref a chyfrifiadur ar sawl aelwyd, mae'n anodd credu y ceir hefyd blant sy'n dod i'r ysgol heb gael brecwast, a rhieni sy'n gorfod arbed ar hanfodion bywyd er mwyn rhoi bwyd maethlon i'w plant.

Mae tlodi bob amser yn gymharol; ond efallai fod lluniau o newyn yn Affrica a chanlyniadau corwyntoedd a daeargrynfeydd wedi'n twyllo i feddwl mai'r bobl dlawd yw'r bobl sydd heb ddim o gwbl. Mae yna dlodion yn ein gwlad ni a gwledydd eraill sy'n byw ar gyflogau pitw, heb allu rhoi cyfleoedd i'w plant na'u rhyddhau eu hunain o fagl tlodi.

Fel y sylwyd eisoes, y mae Llyfr y Diarhebion yn gryf o blaid rhoi cymorth i'r tlodion, a sicrhau fod y diamddiffyn a'r diymgeledd yn cael cyfiawnder a chware teg. Hwy sy'n dioddef gyntaf a waethaf pan geir argyfwng, boed hwnnw'n argyfwng naturiol neu economaidd. Gwnaeth sawl elusen ac ymgyrch arbennig, megis ymgyrch Masnach Deg, lawer iawn i godi ein hymwybyddiaeth am y rheidrwydd i'r tlawd gael cyflog teg a phrisiau teg am eu cynnyrch. Er hynny, rydym yn byw mewn cymdeithas lle mai'r da eu byd sy'n cael mantais wrth siopa mewn archfarchnad ac wrth brynu gwasanaethau ar y we, a'r perygl yw i'n cymdeithas farus ychwanegu at nifer pobl yr ymylon. Ac yn ôl yr Hen Destament, pobl yw'r rheiny nad oes ganddynt lais ac y mae'n rhwydd eu hamddifadu o'u hawliau, ac sydd bob amser ar drugaredd eraill. Ond y mae Duw o'u plaid ac yn galw arnom i'w cefnogi.

Trafod
Beth allwn ni ei wneud yn bersonol i ddileu tlodi ac anghyfiawnder cymdeithasol?

Sut mae hybu haelioni?

A yw cyfiawnder ar gael i bawb yn ein cymdeithas?

Beth yw eich barn am yr honiad y bydd Duw ei hun yn amddiffyn y tlawd?

Gwers 25
Tystio, barnu a gweinyddu cyfiawnder

"Y mae tyst anonest yn gwatwar barn,
a genau'r drygionus yn parablu camwedd" (Diar. 19:28).

Ceir sawl rhybudd yn Llyfr y Diarhebion rhag dwyn camdystiolaeth. Yr oedd gwneud hynny'n beth dieflig a difrifol gan ei fod yn tanseilio hanfodion cymdeithas dda, sef ymddiriedaeth a gonestrwydd, ac yn gwyrdroi cwrs cyfiawnder pan oedd rhaid wrth benderfyniad mewn llys barn. Dyna'n sicr ergyd y ddihareb a ddyfynnir uchod: y mae tyst anonest yn gwneud hwyl am ben cyfiawnder, a phobl ddrwg yn mynegi celwydd, neu efallai mai 'llyncu' celwydd yw'r ystyr, a fyddai'n awgrymu eu hoffter ohono! "Na ddwg gamdystiolaeth yn erbyn dy gymydog", meddai'r nawfed gorchymyn (Ex. 20:16).

Nid mewn llys yn unig yr oedd dweud y gwir yn bwysig, a gallai camdystiolaeth beri niwed i enw da a sefyllfa rhywun mewn cymuned. Caiff difrifoldeb geiriau gau ei danlinellu mewn un ddihareb trwy eu cymharu ag arfau rhyfel:
"Fel pastwn, neu gleddyf, neu saeth loyw,
felly y mae tyst yn dweud celwydd yn erbyn ei gymydog" (25:18).

Nid yw'n anodd dychmygu'r helynt a achosid gan rywun yn lledaenu celwydd, ond mewn llys barn gallai fod i hynny ganlyniadau mwy difrifol hyd yn oed.

Yn ôl cyfraith yr Iddewon, roedd amryw o droseddau i'w cosbi â'r gosb eithaf. Pan wneid hynny, byddai gofyn i'r rhai a dystiodd yn erbyn y troseddwr daflu'r garreg gyntaf, i ddangos yn gyhoeddus eu bod yn cymryd cyfrifoldeb am ganlyniad eu tystiolaeth (gwe. Deut.17:7). Cyfeiria Iesu at yr arfer hwn pan ddywed wrth gyhuddwyr y wraig a oedd wedi ei dal mewn godineb, "Pwy bynnag ohonoch sy'n ddibechod, gadewch i hwnnw fod yn gyntaf i daflu carreg ati" (In. 8:7).

Nid ar chwarae bach yr oedd rhoi tystiolaeth, boed hynny wrth gymydog neu gydnabod neu mewn llys barn, a cheir ymwybyddiaeth yn Llyfr y

Diarhebion y cai gau dystion eu cosbi (gwe. 19:5; 19:9). Efallai mai'r hyn a olygid wrth hynny yw y byddai Duw'n siwr o gosbi'r fath ddrygioni; neu efallai, gyda golwg ar lys barn, y tybid y byddai gau dystiolaeth yn siwr o gael ei gwrthod a'r sawl a'i rhoddodd yn siwr o gael ei gosbi. Yn ôl y Gyfraith, dylai'r sawl a gaed yn euog o roi gau dystiolaeth ddioddef yr un gosb ag a fyddai wedi bod yn briodol i'r sawl y tystiolaethodd ar gam yn ei erbyn pe byddai hwnnw wedi ei gael yn euog (gwe. Deut. 19:16–20).

Yr oedd rhoi tystiolaeth yn fater difrifol iawn, ac ni ddylid gwneud hynny "yn ddiachos" (24:28). Awgrymwyd gan esbonwyr mai 'diangen' yw ystyr 'diachos' yma: ni ddylid tystio pan nad oedd y Gyfraith yn hawlio y dylid dwyn cyhuddiad. Neu, efallai mai'r nod yw atal tystio heb fod gan y sawl a wnai hynny dir digonol dan ei draed. Ar dro, gallai cadw'n ddistaw fod yr un mor niweidiol i gyfiawnder â dweud celwydd:
"Gelyn iddo'i hun yw'r sawl sy'n rhannu â lleidr;
y mae'n clywed y felltith, ond heb ddweud dim" (29:24).

Cefndir y ddihareb hon mae'n debyg oedd arfer y llys o wahodd tystion yn erbyn y sawl a gyhuddid, a hynny ar boen melltithiad, wedi i gyhuddiad gael ei ddatgan (gwe. Lef. 5:1). Byddai'r sawl a welodd yr hyn a ddigwyddodd ac a gelodd ei dystiolaeth, am iddo, efallai, fod yn rhan o'r drosedd ei hunan, yn dwyn melltith arno'i hun.

Y mae rhai diarhebion hefyd yn ymwneud â chyfrifoldeb barnwyr i weithredu'n deg. Nid oedd yn iawn dangos ffafr wrth farnu (24:23–24), ac yr oedd condemnio'r diniwed a chyfiawnhau'r euog yn gamweddau cynddrwg â'i gilydd (17:15; cymh. Deut. 25:1). Henuriaid wedi eu dewis o blith penaethiaid teuluoedd, a gwŷr o safle yn y gymdeithas fyddai'r barnwyr, a byddai rhai ohonynt weithiau'n derbyn llwgrwobrwyon (cymh. 1 Sam. 8:3). Dyna'r cefndir i'r ddihareb a ganlyn:
"Cymer y drygionus lwgrwobr o'i fynwes
i wyrdroi llwybrau barn" (17:23).

Diau y gallai camymddwyn o'r fath gael effaith ddifrifol ar gwrs cyfiawnder, ond adlewyrchir adnabyddiaeth Llyfr y Diarhebion o'r natur ddynol mewn dihareb arall sy'n dweud y bydd rhodd fechan yn aml yn

gwneud y tro i ennill mantais. Cymaint fydd awch y barnwr anghyfiawn am gildwrn fel y gellir ei brynu'n rhad:
"Nid yw'n iawn dangos ffafr,
ac eto fe drosedda rhywun am damaid o fara" (28:21).

Yn olaf, rhaid nodi fod Llyfr y Diarhebion hefyd yn cydnabod pa mor anodd weithiau fyddai i farnwr ddod i benderfyniad cywir. Wedi gwrando ar dystiolaeth yr erlyniad, byddai'r stori'n newid yn llwyr o glywed esboniad y cyhuddedig (18:17). Pan na ellid dod i benderfyniad, awgrymir y gellir torri'r ddadl trwy fwrw coelbren (16:33; 18:18). Nid oes enghraifft o ddefnyddio coelbren i benderfynu achos mewn llys barn yn unman yn yr Hen Destament, ond y mae esbonwyr o'r farn mai dyna'r cyd-destun y cyfeiria Llyfr y Diarhebion ato. Ni wyddom chwaith beth yn union a wneid wrth fwrw coelbren; ond mae'n amlwg mai dull o ddod i benderfyniad na fyddai'n dibynnu ar farn neb dynol oedd hwnnw. Efallai mai taflu cerrig, ag arnynt nodau arbennig, ar lawr a wneid; neu efallai mai tynnu rhywbeth allan o lestr oedd y dull. Beth bynnag am hynny, credid mai eiddo Duw oedd y penderfyniad a ddeilliai o'r fath weithredu. Yn Llyfr yr Actau, mae'r apostolion yn bwrw coelbren i ddewis un i olynu Jwdas (1:26), ond ymddengys i'r arfer ddiflannu'n fuan o'r Eglwys Fore, er i'r arfer o roi'r cyfrifoldeb ar Dduw i ddewis, a hynny trwy ddefnyddio dulliau damweiniol o weithredu, barhau mewn sawl traddodiad. Onid arfer Howel Harris, er enghraifft, oedd dewis ar hap destun i draethu arno!

Cymhwyso
Rhoddodd y Ffydd Gristnogol le canolog o'r cychwyn cyntaf i dystiolaeth llygad dystion. A bu parodrwydd credinwyr i ddweud eu profiad yn rhan fawr o genhadaeth yr Eglwys. Rhaid cael tystion cywir, a rhaid cofio y gall tystion gamgymryd yn ogystal â dwyn camdystiolaeth. Rhaid wrth farnwyr teg hefyd, hyd yn oed y dyddiau hyn yn llys y farn gyhoeddus, lle mae crefydd a gwyddoniaeth, ffydd ac anffyddiaeth, yn ymrafael â'i gilydd.

Er gwaethaf y pwyslais moesol ar gyfiawnder, bu'r Eglwys hefyd yn ei diwinyddiaeth yn arddel syniadau sy'n ymddangos, ar yr olwg gyntaf, yn groes i egwyddor fawr Llyfr y Diarhebion y dylai'r drwg gael ei gosbi a'r da gael ei gyfiawnhau. Onid 'ffordd i gyfiawnhau'r annuwiol' oedd yr Efengyl yn ôl Ann Griffiths (gwe. *Caneuon Ffydd*, 724)? A chefndir llys barn sydd i esboniad Paul am ras Duw a ddangosodd "ei gyfiawnder yn ddiymwad yn yr amser presennol hwn, sef ei fod ef ei hun yn gyfiawn a hefyd yn cyfiawnhau'r sawl sy'n meddu ffydd yn Iesu" (Rhuf. 3:26).

Trafod
Pa mor bwysig yw geirwiredd?

Beth sy'n tanseilio hyder yn y system gyfreithiol heddiw?

Beth yw eich barn am y gosb eithaf? A fyddech yn fodlon taflu'r garreg gyntaf?

O gofio pwyslais y Beibl ar eirwiredd a chyfiawnder, ai help ynteu rwystr i gredinwyr fu dull Paul o esbonio gras a chariad Duw trwy ddefnyddio delweddau cyfreithiol?

Gwers 26
Y Brenin

"Fel llew yn rhuo, neu arth yn rhuthro,
felly y mae un drygionus yn llywodraethu pobl dlawd" (Diar. 28:15).

Gwelsom eisoes bwyslais Llyfr y Diarhebion ar gyfiawnder, ac yn arbennig y pwyslais a roddir ar amddiffyn y gwan a'r diymgeledd. Dyna ddyletswydd y barnwyr a'r henuriaid a phawb oedd â grym a dylanwad. Dyna hefyd bennaf ddyletswydd y brenin.

Anifeiliaid gwyllt a pheryglus oedd yr arth a'r llew; ni fyddent fawr o dro'n ymosod ar y diamddiffyn. Felly'n union hefyd y gwnâi llywodraethwyr drwg: gwastrodi a gormesu'r tlawd, ac ymborthi arnynt gan eu gadael heb ddim. Cafwyd digon o enghreifftiau o hynny'n digwydd yn ein cyfnod ninnau: yn Zimbabwe dan lywodraeth Robert Mugabe, er enghraifft; ac yn y Philippines dan lywodraeth Ferdinand Emmanuel Edralin Marcos (1965 i 1986). Nid oes rhyfedd bod Llyfr y Diarhebion yn ystyried agwedd y brenin at y tlodion yn arwydd o ansawdd ei lywodraeth:
"Os yw brenin yn barnu'r tlodion yn gywir,
yna fe sefydlir ei orsedd am byth" (29:14).

Mynegir atgasedd at ormes ac annhegwch llywodraethwr neu frenin hefyd mewn dihareb arall sy'n pwysleisio fod i ddeall (neu ddoethineb) ansawdd moesol:
"Y mae llywodraethwr heb ddeall yn pentyrru trawster,
ond y mae'r un sy'n casáu llwgrwobr yn estyn ei ddyddiau" (28:16).

Trwy ymgadw rhag gwastrodi ei ddeiliaid yn economaidd, medd rhai esbonwyr, neu drwy ymwrthod a llwgrwobrwyon, yn ôl y BCN Diwygiedig, y bydd y brenin da yn estyn ei ddyddiau (cymh. 29:4).

I lywodraethu'n ddoeth, fodd bynnag, roedd rhaid wrth ddirnadaeth, ac y mae pwyslais Llyfr y Diarhebion yn hynny o beth yn gwbl ymarferol. Gwelai'r brenin deallus yr hyn a ddigwyddai o'i gwmpas, ac yr oedd ganddo'r gallu i ddirnad yr hyn oedd yn guddiedig ac i ddidoli'r gwir oddi wrth y gau:

"Y mae brenin sy'n eistedd ar orsedd barn
yn gallu nithio pob drwg â'i lygaid" (20:8).

Ei sedd arbennig wrth farnu yw 'gorsedd barn' y brenin yn y ddihareb hon mae'n debyg. Gwyddom i Solomon adeiladu neuadd lle y gweinyddai farn (1 Bren. 7:7), ac y mae'n debyg fod gan bob dinesydd yr hawl i apelio at y brenin i wrando ei achos (cymh. 1 Bren. 3:16–28), er mai henuriaid a barnwyr lleol a fyddai'n gweithredu yn y llysoedd cyffredin. Ystyrrid pob drygioni'n fygythiad i'r deyrnas a'r frenhiniaeth, a defnyddir delwedd nithio a dyrnu hefyd i fynegi pa mor bwysig oedd hi i'r brenin gosbi'r drwg. Mae'n debyg mai at yr arfer o ddyrnu trwy yrru cerbyd yn ôl a blaen trwy'r ŷd y cyfeirir yn y ddihareb sy'n dilyn;

"Y mae brenin doeth yn nithio'r drygionus,
ac yn troi'r rhod yn eu herbyn" (20:26) .

Dywed yr Hen Gyfieithiad, "ac a dry yr olwyn arnynt". .

Nid gallu dynol yn syml oedd y gallu i lywodraethu'n gywir chwaith, ac mewn un ddihareb ceir cyfeiriad at y brenin yn rhoi dyfarniad ysbrydoledig (16:10). Defnyddir y gair Hebraeg a geir yma (qesem) mewn ystyr negyddol wrth gyfeirio at arfer y paganiaid o ddefnyddio dewiniaeth i ddirnad meddwl eu duwiau ynglŷn â'r hyn y dylid ei wneud mewn sefyllfaoedd arbennig (cymh. Deut. 18:10–11; 1 Sam. 15:23). Barn esbonwyr, fodd bynnag, yw mai defnydd trosiadol o'r gair a geir yma, i ddynodi'r cymorth a rydd ysbryd yr Arglwydd i'r brenin i ddirnad a dyfarnu'n gywir (cymh. 8:14–16; 2 Sam. 14:17, 20; Es. 11:1–5). Mae'r hen gyfieithiad yn rhoi blas y gwreiddiol: "Ymadrodd Duw sydd yng ngwefusau y brenin", ond mae'n debyg fod y BCN Diwygiedig yn fwy ffyddlon i'r ystyr wrth ddweud:
"Ceir dyfarniad oddi ar wefusau'r brenin;
nid yw ei enau yn bradychu cyfiawnder" (6:10).

Yr oedd parhad y frenhiniaeth, a llwyddiant teyrnasiad brenin yn dibynnu ar deyrngarwch a chywirdeb, neu ffyddlondeb (cymh. 3:3; 14:22; 16:6), a dywedir fod y nodweddion hynny'n cydio wrth y syniad o gyfamod Duw â'r brenin;

"Y mae teyrngarwch a chywirdeb yn gwarchod y brenin,
a diogelir ei orsedd gan deyrngarwch"
(20:28. Cymh. 2 Sam. 23:3–5)

Fodd bynnag, nid yw'n amlwg o'r ddihareb hon pa un ai teyrngarwch a ffyddlondeb Duw tuag at y brenin sydd yn ei warchod, ynteu ei agwedd ef ei hun at ei ddeiliaid sydd dan sylw, ynteu ai cyfeiriad sydd yma at gynghorwyr y brenin, a sylweddoliad y dylent hwy fod yn deyrngar a chywir.

Y mae yn Llyfr y Diarhebion hefyd, fel y gwelwyd eisoes, ymwybyddiaeth o ddylanwad dinistriol cwmni drwg; a diau fod hynny yn arbennig o wir yn achos cynghorwyr y brenin. Bryd hynny, fel heddiw, yr oedd ganddynt ddylanwad sylweddol dros lywodraethau:
"Symud yr amhuredd o'r arian,
a daw'n llestr yn llaw'r gof.
Symud y drygionus o ŵydd brenin,
a sefydlir ei orsedd mewn cyfiawnder" (25:4–5. Cymh. 29:12)

Ond, fel yr awgrymwyd eisoes, nid dylanwad dynol oedd yr unig ddylanwad ar frenin. Ceir ymwybyddiaeth yn yr Hen Destament y gall Duw ddefnyddio brenhinoedd estron (gwe. Es. 44:28, 45:1; Jer. 25:9). Ac meddai Llyfr y Diarhebion:
"Y mae calon brenin yn llaw'r ARGLWYDD fel ffrwd o ddŵr;
fe'i try i ble bynnag y dymuna" (21:1).

Cymhwyso
Y mae llywodraeth dda yn un o hanfodion cymdeithas ffyniannus. Diflannodd grym gwleidyddol y frenhiniaeth yng ngwledydd Prydain, bellach; ond y mae llawer o'r hyn a ddywed Llyfr y Diarhebion am gymeriad a gallu brenin yn gymwys i unrhyw un sy'n dwyn grym a dylanwad gwleidyddol.

Er i'r Eglwys ar adegau gilio rhag gwleidyddiaeth, un o hanfodion Cristnogaeth gyfrifol yw ei bod yn dal llywodraethwyr i gyfrif ar y naill law, ac yn hybu teyrngarwch at lywodraeth gyfiawn a chyfreithlon ar y llall. Diau fod llawer o ddelfrydiaeth yn narlun Llyfr y Diarhebion o'r brenin. A'r hyn a wneir ynddo yw gosod y safon a chymell ymgyrraedd ati. Mewn oes a gollodd ffydd mewn llywodraeth, ac a ddadrithiwyd gan gymaint o wleidyddion a fu'n gweithio i bluo'u nyth eu hunain ar draul gwasanaethu eu hetholwyr, ceir yma anogaeth gadarn rhag digalonni a cholli diddordeb a throi'n ddifater a negyddol.

Arddel y safonau uchaf gydag ymwybyddiaeth iach o sut y mae pethau yn y byd go iawn a wna Llyfr y Diarhebion gyda golwg ar y brenin, fel gyda sawl peth arall.

Trafod
Pa nodweddion a berthynai i'r brenin yn ôl Llyfr y Diarhebion y dylid eu hybu mewn gwleidyddion heddiw?

Beth sydd bwysicaf i wleidydd, dirnadaeth sicr ynteu gynghorwyr doeth?

Ym mha fodd y mae Duw'n ymwneud â gwleidyddiaeth?

Nid yw'r Eglwys yn ddigon gwleidyddol; am hynny y mae'n amherthnasol.

Gwers 27
Pwyso a barnu

"Y mae cloriannau twyllodrus yn ffiaidd gan yr ARGLWYDD,
ond pwysau cywir wrth ei fodd" (Diar. 11:1).

Y mae gan Lyfr y Diarhebion ddiddordeb mawr mewn masnach, ac y mae'n pwysleisio pa mor hanfodol yw gonestrwydd wrth bwyso a mesur. Cefndir y diddordeb hwn yw'r sylweddoliad fod Duw'n gweld ac yn barnu. Dyna, felly, y ddwy thema a drafodir yn y wers hon: gonestrwydd wrth brynu a gwerthu, a'r Duw sy'n canfod ac yn barnu. Y mae'r ddihareb uchod yn crynhoi'r thema gyntaf ac yn datgan yn eglur fod Duw yn ffieiddio twyll masnachwyr sy'n ceisio ennill mantais wrth bwyso cynnyrch, ond yn ymhyfrydu mewn ymwneud gonest a chywir. Mae 'ffieiddio' yn derm gyda'r cryfaf i fynegi anfodlonrwydd Duw, a chaiff ei ddefnyddio sawl gwaith wrth gondemnio'r hyn sy'n groes i'w drefn foesol (e.e. 3:32; 12;22). Yr oedd y Gyfraith yn mynnu cywirdeb wrth bwyso a mesur (gwe. Deut. 25:13–15), a chofiwn i'r proffwydi fod yn chwyrn eu condemniad o hunanoldeb a thwyll masnachol (cymh. Am. 8:5).

Clorian syml a ragdybir yn y ddihareb hon, dau blât yn hongian wrth drawst a phwysau wedi eu gosod ar un a chynnyrch ar y llall. Pan fyddai'r ddau blât yn cydbwyso byddai'r pwysau cymwys wedi ei gyrraedd, ond byddai gan fasnachwyr anonest sawl ffordd o ennill mantais.

Un ffordd amlwg o wneud hynny oedd defnyddio pwysau anghywir i wrthbwyso'r cynnyrch. Byddai'r pwysau wedi eu gwneud o garreg, ond gallai masnachwyr anonest ddefnyddio cerrig oedd yn fwy neu'n llai o bwysau nag a ddylent fod. Dyna a adlewyrchir yn y ddihareb sy'n dweud:
> "Pan geir amrywiaeth mewn pwysau neu fesurau,
> y mae'r naill a'r llall yn ffiaidd gan yr ARGLWYDD" (20:10).

Yn llythrennol y mae cymal cyntaf y ddihareb yn darllen fel hyn: 'Carreg a charreg, effa ac effa'. Mesur o rawn neu gynnyrch sych oedd 'effa', ac ystyr yr ymadrodd 'carreg a charreg, effa ac effa', mae'n debyg, oedd bod gwahanol bwysau'n cael eu defnyddio. Roedd y prynwr a'r gwerthwr yn amcangyfrif y pwysau a ddefnyddid yn wahanol, ac yr oedd un yn ceisio twyllo'r llall. Wrth ddefnyddio pwysau fyddai'n rhy drwm, ac yn fwy na'r amcan cywir, byddai'r gwerthwr ar ei golled gan na chai ddigon o dal am ei gynnyrch. Ac wrth ddefnyddio pwysau rhy ysgafn, oedd yn llai na'r amcan cywir, byddai'r prynwr ar ei golled gan na chai ddigon o gynnyrch am ei arian. Fel rheol, cedwid y cerrig pwyso mewn cod, ac meddai dihareb arall:

"Mater i'r ARGLWYDD yw mantol a chloriannau cyfiawn;
a'i waith ef yw'r holl bwysau yn y god" (16:11).

Awgrymir yma fod yr Arglwydd rywfodd yn pennu'r pwysau, a'r syniad yw bod rhaid i bwysau'r masnachwyr gydymffurfio â safonau Duw; hynny yw, fod rhaid iddynt fod yn bwysau cywir. Gellir tybio nad oedd safon gyffredin i bwysau yn Israel. Er y ceir sôn yn yr Hen Destament am "sicl yn ôl safon y brenin" (2 Sam. 14:26) a "sicl y cysegr" (Ex. 30:13), mae'n debyg y byddai maint effa a sicl yn amrywio o le i le. (Am restr o bwysau'r Beibl gweler y BCN Diwygiedig t. xxxiii). Amrywiol hefyd oedd y natur ddynol bryd hynny fel yn awr, ond dengys Llyfr y Diarhebion adnabyddiaeth drylwyr ohoni, fel a geir yn y ddihareb hon sy'n darlunio dau yn bargeinio, a'r prynwr wedi iddo lwyddo i ostwng y pris trwy gwyno fod y cynnyrch o safon israddol, yn mynd ymaith at ei gyfeillion i frolio am y fargen a gafodd;

"'Gwael iawn,' meddai'r prynwr;
ond wrth fynd ymaith, y mae'n canmol ei fargen" (20:14).

Y cefndir i'r pwyslais ar onestrwydd a chywirdeb oedd yr ymwybyddiaeth o'r Duw hollbresennol a hollwybodol oedd yn gwylio pawb ac yn gweld popeth:

"Y mae llygaid yr ARGLWYDD ym mhob man,
yn gwylio'r drwg a'r da" (15:3).

Os oedd Duw yn gallu canfod yr hyn a ddigwyddai yn Sheol ac Abadon ('lle dinistr'), sef dau enw ar drigfan lwyd a digynnwrf y meirw, roedd meddyliau neu gymhellion pobl yn siwr o fod yn hollol amlwg iddo (15:11); ac fel y purid aur ac arian trwy dân, yr oedd Duw hefyd yn profi calonnau (17:3) ac yn datguddio cymhellion a bwriadau ei bobl.

Sylweddola Llyfr y Diarhebion o'r gorau y gall pobl dwyllo eu hunain a bod yn hunangyfiawn, ond Duw yw'r gwir farnwr (16:2; 21:2). Ni cheir neb sy'n ddibechod (20:9), ac yr oedd rhai yr ystyrient eu hunain yn bur nad oeddent wedi eu glanhau o'u haflendid (30:12). Ond rhaid cofio fod gwaith Duw yn chwilio ei bobl yn cael ei gysylltu yn yr Hen Destament â'i waith yn eu hadfer:

"Chwilia fi, O Dduw, iti adnabod fy nghalon;
profa fi, iti ddeall fy meddyliau.
Edrych a wyf ar ffordd a fydd yn loes i mi,
ac arwain fi yn y ffordd dragwyddol" (Salm 139:23–24).

Cymhwyso
Yr ydym bellach wedi hen arfer â safonau cyffredin i fesuriadau, pwysau, ansawdd bwyd a chant a mil o bethau eraill. Weithiau, clywir cwyno pan awgrymir fod biwrocratiaid a gweinyddwyr yn mynd dros ben llestri yn hyn o beth, gan fynnu, er enghraifft, fod rhaid i ffrwythau arbennig gydymffurfio â siâp neilltuol, neu gynnyrch arbennig fod â ffurf gyffredin.

Ond o safbwynt arall, yr ydym yn byw mewn cymdeithas a diwylliant sydd i bob golwg yn ymwrthod â phob mesur a safon ar wahân i'r rhai y mae'r unigolyn yn eu pennu ar ei gyfer ei hunan. Mae pob barn, meddir, yn rhinwedd ei mynegiant, gyfwerth â phob barn arall; a phob gwirionedd i'w barchu am ei fod yn wirionedd i rywun, waeth pa mor afresymol yr ymddengys. Collwyd yr ymwybyddiaeth sydd mor amlwg yn Llyfr y Diarhebion fod Duw'n gweld ac yn asesu holl ymddygiad y ddynolryw, ac mai ef yn y diwedd sy'n gosod y safon.

Nid mater o blesio'r hunan yw bywyd. Rhaid rhoi sylw i les a buddiannau pobl eraill, meddai'r diarhebion, a Duw yw'r barnwr eithaf. Dyma'r un y dywed Meigant amdano:

"Gwyddost gudd feddyliau 'nghalon
a chrwydradau mynych hon".

Ac o sylweddoli hynny, does ond un weddi'n bosibl;
"O tosturia,
ymgeledda fi â'th ras". (*Caneuon Ffydd*, 700)

Trafod

Y mae cywirdeb a gonestrwydd ynglŷn â manion yn arwyddo cywirdeb a gonestrwydd ynglŷn â phethau mawr a phwysig hefyd. A gytunwch, neu a roesom ormod o sylw i fanion, gan golli golwg ar y pethau sy'n cyfri?

A oes unrhyw fudd i'r pwyslais fod Duw'n gweld popeth ac yn gwybod pob dim?

Mae pawb yn hoffi bargen. Y ffordd orau i fasnachu yw bargeinio.

Beth sydd yn ein harbed rhag ein twyllo ein hunain?

Gwers 28
Sylwadau a rhifau

Yn ogystal â dywediadau byr, bachog ceir yn Llyfr y Diarhebion hefyd ddiarhebion rhifyddol sy'n hwy ac wedi eu sylfaenu ar gyfochredd. Cyflwynir ynddynt nifer o sylwadau'n ymwneud â byd natur neu fywyd yn gyffredinol, ond nid diddordeb amgylcheddol sydd i'r diarhebion hyn. Maent yn sicr yn pwysleisio rhyfeddod y sylwebydd, ond y natur ddynol yn hytrach na byd natur yw eu diddordeb. Nid yw'r patrwm yn ddieithr i'r Hen Destament (cymh. Amos 1:3), ac fe'i defnyddid yn gyffredin yn llenyddiaeth y Dwyrain Agos.

Mantais fawr y dull hwn o fynegi gwirebau oedd ei fod yn ffordd hwylus o raddoli'r neges, yn hwyluso'r cof trwy lunio rhestr syml, ac yn cyflwyno'r ergyd ar ffurf gosodiad y gallai'r gwrandäwr ei ystyried wrth ei bwysau ac a fyddai, yn ôl pob tebyg, yn glynu yn ei gof. Nid pregethu oedd y nod, ond sylwi ar fywyd mewn ffordd a fyddai'n cyfleu rhyfeddod, a'r rhyfeddod yn ei dro yn gerbyd addas i wirionedd cyffredinol.

Ym mhennod 30 o Lyfr y Diarhebion ceir cyfres o ddiarhebion ar y patrwm hwn (cymh. 6:16-19). Chwant neu awydd anniwall yw thema'r gyntaf, a chaiff ei chyflwyno gan y sylw hwn;
   "Y mae gan y gele ddwy ferch
   sy'n dweud, 'Dyro, dyro.'" (30:15).

Sugno gwaed wna'r gele, a defnyddir yr anifail yma gennym o hyd fel delwedd o rywun sy'n glynu wrth rywun neu rywbeth arall. Defnyddiwyd y darlun o'r gele yn glynu er mwyn sugno gwaed hefyd fel delwedd o fanteisio diegwyddor a hunanol. Cafodd sawl un ei 'waedu' gan ymlynwyr o'r fath, a mynegir chwant anniwall am ragor o gynhaliaeth yma trwy ddweud fod gan y gele ddwy ferch nad oedd modd eu digoni. Efallai mai'r syniad fod merched yng nghyfnod yr Hen Destament yn fwy drud i'w cadw na bechgyn sydd y tu ôl i'r cyfeiriad at ddwy ferch yn hytrach na dau fab. Beth bynnag am hynny, mae'r ergyd yn amlwg, a chaiff yr argraff o chwant anniwall ei serio ar feddwl y gwrandäwr trwy gyfeirio at bedwar peth arall nad oes digoni arnynt:

"Y mae tri pheth na ellir eu digoni,
ie, pedwar nad ydynt byth yn dweud, 'Digon':
Sheol, a'r groth amhlantadwy,
a'r tir sydd heb ddigon o ddŵr,
a'r tân nad yw byth yn dweud, 'Digon'." (30:15b–17)

Yr oedd bob amser le yn Sheol, sef is-fyd llwyd a digynnwrf y meirw, i ragor ddod yno. Nid oedd terfyn ar waith marwolaeth, a'r sylweddoliad mai'r bedd fydd diwedd pawb sydd y tu ôl i'r cyfeiriad at Sheol yma.

Yr oedd bod heb blant yng nghyfnod yr Hen Destament yn brofedigaeth chwerw, ac adlewyrchir hynny yn hanes Rachel, gwraig Jacob (Gen. 30:1) a Hanna, mam Samuel (1 Sam. 1:10–11). Nid oedd pall ar awydd gwragedd di-blant i gychwyn teulu, a dwyseid eu teimladau naturiol gan bwysau cymdeithasol a disgwyliad cyfeillion a chymuned.

Gwlad sych iawn oedd Palestina. Ni chai ond ychydig iawn o law, ac yr oedd rhan helaeth o'r tir yn anialwch. Gwyddai'r trigolion yn iawn pa mor anodd oedd byw heb law ac fel y diflannai dŵr yn syth i ddaear sych a chras, heb i honno fyth gael digon.

A'r un modd, gwyddent o'r gorau am effaith difäol tân, ac fel y parhâi i losgi cyhyd ag y bo tanwydd.

Gadael y darllenydd efo'r gosodiadau hyn a wna Llyfr y Diarhebion. Sylwadau ydynt, ond o'u defnyddio mewn amgylchiad priodol, diau y gallent gael effaith sylweddol.

Y mae'r ail gyfres o sylwadau yn rhestru pethau rhyfeddol:
"Y mae tri pheth yn rhyfeddol imi,
pedwar na allaf eu deall:
ffordd yr eryr yn yr awyr,
ffordd neidr ar graig,
ffordd llong ar y cefnfor,
a ffordd dyn gyda merch" (30:18–19).

Mae'n debyg fod y rhestr yn arwain at uchafbwynt y pedwerydd rhyfeddod, sef 'ffordd dyn gyda merch', ac mai'r hyn sydd mewn golwg

yma yw atyniad rhywiol ac ymddygiad dynion at wragedd. Awgrymodd rhai esbonwyr fod y ddihareb sy'n dilyn yn cefnogi'r dehongliad hwn:
"Dyma ymddygiad y wraig odinebus:
y mae'n bwyta, yn sychu ei cheg,
ac yn dweud, 'Nid wyf wedi gwneud drwg'" (30:20).

Efallai mai mynegi rhyfeddod at ymwneud dynion â'r fath wragedd a wna'r ddihareb flaenorol sy'n tynnu sylw at ddirgelwch symudiad eryr yn yr awyr, a neidr ar graig a llong ar y cefnfor.

Y mae'r drydedd ddihareb rifyddol yn tynnu sylw at drefn cymdeithas, ac yn dweud fod y ddaear yn crynu pan amherir ar y drefn honno.
"Y mae tri pheth sy'n cynhyrfu'r ddaear,
pedwar na all hi eu dioddef:
gwas pan ddaw'n frenin,
ffŵl pan gaiff ormod o fwyd,
dynes atgas yn cael gŵr,
a morwyn yn disodli ei meistres" (30:21–23).

Troir y byd wyneb i waered pan ddaw gwas yn frenin (cymh. 19:10; Preg. 10:5–7). Nid yw'n perthyn i ffŵl lwyddo ychwaith: pobl ddoeth a llwyddiannus a ddylai gael mwynhau digonedd o fwyd, ond gwyddai'r Hen Destament yn dda nad felly y mae yn aml:
"Unwaith eto, dyma a sylwais dan yr haul: nid y cyflym sy'n ennill y ras, ac nid y cryf sy'n ennill y rhyfel; nid y doethion sy'n cael bwyd, nid y deallus sy'n cael cyfoeth, ac nid y rhai gwybodus sy'n cael ffafr. Hap a damwain sy'n digwydd iddynt i gyd" (Preg.9:11).

Yr un modd, meddir, ni ddylai dynes atgas gael gŵr. Pe bai gwraig gegog a digywilydd yn ennill safle a dylanwad, gallai ddial ar y rhai a fu'n ei gwrthwynebu a difetha bywyd yr aelwyd.

Dyna hefyd fyddai canlyniad morwyn yn esgyn i safle ei meistres a chymryd gofal o'r cartref. Yn hanes Abram, dywedir fod Sarai ei wraig wedi ei annog i gael plentyn gyda Hagar, ei morwyn. Pan ddeallodd Hagar ei bod yn feichiog "aeth ei meistres yn ddibris yn ei golwg" (Gen. 16:5).

Y mae'r bedwaredd restr, yn fwy cyfarwydd na'r tair arall, a hynny oherwydd tuedd pregethwyr i'w defnyddio ar achlysuron megis bedyddiadau, neu pan fo angen pwysleisio nad yw bychandra neu wendid yn anfantais bob amser:

"Y mae pedwar peth ar y ddaear sy'n fach,
ond yn eithriadol ddoeth:
y morgrug, creaduriaid sydd heb gryfder,
ond sy'n casglu eu bwyd yn yr haf;
y cwningod, creaduriaid sydd heb nerth,
ond sy'n codi eu tai yn y creigiau;
y locustiaid, nad oes ganddynt frenin,
ond sydd i gyd yn mynd allan yn rhengoedd;
a'r fadfall, y gelli ei dal yn dy law,
ond sydd i'w chael ym mhalas brenhinoedd" (30:24–28).

Anifeiliaid bach yw testun y ddihareb hon, a'u nodwedd arbennig yw eu doethineb. Daw hwnnw i'r amlwg yn y modd y maent yn byw. Bydd y morgrug yn brysur yn yr haf yn casglu digon o fwyd ar gyfer y gaeaf. Awgrymir mai math arbennig o gwningen (*procavia syriacus*) sydd mewn golwg yn yr ail gymal, a'i gallu i osgoi cael ei dal trwy ei medr i ddringo creigiau yw ei harbenigedd. Mae'r locustiaid hefyd yn arbennig, am eu bod yn gweithredu gyda'i gilydd er nad oes ganddynt arweinydd i bob golwg; ac y mae'r fadfall, er yn bitw, i'w chanfod yn y mannau mwyaf moethus.

Yn olaf, cyfeirir at gerddediad urddasol pedwar anifail arall. Mae'r testun wedi peri trafferth di-ben-draw i gyfieithwyr. Dyma ddywed y BCN Diwygiedig:

"Y mae tri pheth sy'n hardd eu cerddediad,
pedwar sy'n rhodio'n urddasol:
llew, gwron ymhlith yr anifeiliaid,
nad yw yn cilio oddi wrth yr un ohonynt;
ceiliog yn torsythu; bwch gafr;
a brenin yn arwain ei bobl" (30:29–31).

Unwaith eto, ymddengys fod y pwyslais yn disgyn ar yr olaf yn y rhestr, sef y brenin. Fel yr anifeiliaid a enwir, y mae yntau'n urddasol a pheryglus, yn enwedig pan geir ef ar flaen byddin!

Cymhwyso

Y mae'r sylwgarwch sydd y tu ôl i'r diarhebion hyn yn drawiadol. Deilliant o brofiad rhai a sylwodd yn fanwl ar gymdeithas a byd natur, a dod i gasgliadau am natur bywyd. Bellach, mae byd natur yn ddieithr i amryw o bobl, hyd yn oed rai sy'n byw yng nghefn gwlad, a hynny am ein bod yn gwibio o le i le mewn cerbydau, heb amser na chyfle i sylwi, rhyfeddu ac ystyried.

Aeth cymdeithas hefyd yn fwy amrywiol ei phatrymau, a'r syniad o drefn sefydlog yn amhoblogaidd. Pwysleisiwn gyfle a breuddwyd, a'r ddelfryd yw i bawb ymestyn ei hun hyd eithaf ei gyraeddiadau. Y canlyniad weithiau fu creu anniddigrwydd ac anfodlonrwydd, ac anghofiwyd yr hyn sy'n amlwg yn y diarhebion, sef na all pawb wneud yr hyn a gyflawna rhai yn ddiymdrech.

Trafod

Sut ydych yn ymateb i'r gwirebau a welir yn y wers hon?

Byddai'n well i bawb sylwi mwy ar fyd a bywyd.

A gytunwch fod yna drefn i fywyd cymdeithas ac mai peth gwrthun yw tanseilio'r drefn honno?

A ydym yn rhoi digon o le yn ein diwylliant cyfoes unigolyddol i ddoethineb cyffredinol fel a geir yn y diarhebion hyn?

Gwers 29
Gair yn ei bryd

"Caiff rhywun foddhad pan fydd ganddo ateb,
a beth sy'n well na gair yn ei bryd?" (Diar. 15:23).

Y mae Llyfr y Diarhebion yn ymwybodol iawn o rym geiriau, ac er y
ceir cyfeiriadau mynych at eiriau annoeth a siarad croes, y mae ynddo
hefyd werthfawrogiad o allu geiriau i gysuro a lleddfu a gwella. Dyna a
geir yn y ddihareb hon, gyda'r sylweddoliad mai peth hyfryd yw gallu
cynnig ateb cywir a fydd o gymorth, ond bod rhaid i'r fath ateb gael ei
gynnig ar yr adeg iawn.

Gwyddom oll am ddiflastod rhoi cyngor pan nad oes neb eisiau
gwrando, a gwyddom hefyd pa mor ddifäol yw cyngor neu gerydd sy'n
cael ei roi, â'r cyfle iddo fod o fudd wedi mynd heibio. Edliw yw cynnig
cyngor da pan fo'n amlwg na all neb bellach gael budd ohono. Ac y
mae Llyfr y Diarhebion nid yn unig yn ymhyfrydu mewn cyngor addas
ar yr adeg iawn, ond yn rhybuddio hefyd rhag i bobl ddisgwyl i'w cerydd
gael croeso, hyd yn oed os daw'r sawl sy'n cael y cerydd i'w
werthfawrogi'n nes ymlaen:
"Caiff y sawl sy'n ceryddu fwy o barch yn y diwedd
na'r un sy'n gwenieithio" (28:23).

Wedi i'r sawl a geryddir gael cyfle i ystyried yr hyn a ddywedir wrtho y
daw i barchu'r ceryddwr a fu'n ddigon gonest i fynegi ei farn heb flewyn
ar dafod. Mae beirniadaeth adeiladol yn well na chanmoliaeth
arwynebol, a chaiff y sawl sy'n mynegi ei farn yn onest fwy o barch
na'r gwenieithwr (cymh. 25:12; 17:10).

Ceir ymwybyddiaeth hefyd yn Llyfr y Diarhebion o'r lles a ddaw o eiriau
addas:
"Y mae geiriau teg fel diliau mêl,
yn felys i'r blas ac yn iechyd i'r corff" (16:24).

Y mae gormod o ganmoliaeth, fodd bynnag, yn ddrwg, a defnyddir yr
un ddelwedd i fynegi hynny:

"Nid yw'n dda bwyta gormod o fêl,
a rhaid wrth ofal gyda chanmoliaeth" (25:27).

Y mae geiriau caredig yn lles i'r enaid am eu bod yn dadwneud effeithiau negyddol pryder meddwl. Gwyddom oll pa mor bwysig weithiau yw gair o anogaeth neu werthfawrogiad neu ganmoliaeth:
"Y mae pryder meddwl yn llethu rhywun,
ond llawenheir ef gan air caredig" (12:25; cymh.15:4)

Cymaint, yn wir, yw ymwybyddiaeth Llyfr y Diarhebion o effaith geiriau, fel y ceir ynddo hefyd bwyslais fod dweud ychydig yn llawer gwell na siarad llawer:
"Pan amlheir geiriau nid oes ball ar dramgwyddo,
ond y mae'r deallus yn atal ei eiriau" (10:19; cymh. 21:23).

Yr oedd helynt yn siwr o ddeillio o siarad gwag (gwe. 12:18; 13:3), a'r gamp yn ôl pob golwg oedd ystyried cyn llefaru. Er mwyn gwneud hynny yr oedd yn rhaid gwrando, ac y mae'r feirniadaeth ar y sawl sy'n ateb cyn gwrando yn ddeifiol:
"Y mae'r un sy'n ateb cyn gwrando
yn dangos ffolineb ac amarch" (18:13).

Ceir ymwybyddiaeth hefyd fod yn rhaid byw gyda chanlyniadau'r hyn a ddywedir. Bodlonir â daioni y sawl y mae ei eiriau'n addas, yn union fel y bydd ei weithredoedd yn dwyn iddo dâl addas (12:14). Nid oes rhyfedd y dywedir, felly, fod y gallu gan y tafod i roi bywyd neu farwolaeth. Ychwanegir hefyd fod y sawl sy'n hoff o'r tafod, hynny yw, o siarad, yn gorfod byw gyda chanlyniadau'r hyn a ddywedant:
"Y mae'r tafod yn gallu rhoi marwolaeth neu fywyd,
ac y mae'r rhai sy'n ei hoffi yn bwyta'i ffrwyth" (18:21).

Yn wir, mynegir fod geiriau deallus yn fwy gwerthfawr nag aur a gemau (20:15). Pe byddai raid dewis, dylid dewis doethineb, gan mai llinyn arian trwy Lyfr y Diarhebion yw'r sylweddoliad mai doethineb sy'n cynhyrchu cyfoeth, ac mai ar ddoethineb y dibynna ei barhad.

Cymhwyso

Ceir trafodaeth am beryglon tafod direol yn Llythyr Iago (3:1–12), a phwysleisir yno hefyd y difrod y gall geiriau annoeth neu gas eu gwneud. Y mae Llyfr y Diarhebion yn cydnabod na fydd pob siarad niweidiol yn fwriadol, a cheir ymwybyddiaeth ynddo fod gormod o siarad yn cynyddu'r posibilrwydd o niwed. Gallwn yn hawdd iawn ddeall agwedd felly mewn rhai sefyllfaoedd. Ym myd gwleidyddiaeth, er enghraifft, gyda'r cyfryngau'n gwylio pob symudiad ac yn clywed pob dim, gall geiriau annoeth neu anghywir gostio'n ddrud i'r gwleidydd. Buddiol, felly, fyddai ymgadw rhag dweud dim mwy nag sydd raid, a sicrhau fod yr hyn a ddywedir yn gywir a phriodol.

Ond wrth i bobl ymwneud â'i gilydd yn gymdeithasol, mae sgwrsio'n hanfodol. Trwy siarad â'n gilydd y deuwn i adnabod y naill a'r llall, ac y mae ymgadw rhag hynny, rhag ofn peri tramgwydd neu helynt, yn sawru o agwedd rhy ofalus a deddfol at weithgarwch cwbl naturiol. Eto i gyd, mae rheoli'r tafod, ymarfer cwrteisi a gwybod pryd i lefaru a phryd i dewi, yn hanfodol. I'r mwyafrif, fe ddichon y daw hynny'n naturiol, ond bydd pawb ohonom ar ryw adeg yn siarad heb feddwl ac yn gollwng y gath o'r cwd heb erioed fwriadu gwneud hynny. A dichon hefyd fod Iago'n gwbl iawn pan awgryma y gallwn oll lefaru geiriau maleisus yn gwbl fwriadol, a methu ymatal rhag dweud yr hyn na ddylem.

Yn ychwanegol at hynny, rydym oll yn euog weithiau o gadw'n ddistaw pan ddylem lefaru'n eofn. Ceir yn y diarhebion ymwybyddiaeth o nerth a dylanwad geiriau, ond weithiau mae distawrwydd yr un mor huawdl neu niweidiol. Ac fel Cristnogion hefyd, yr ydym ar adegau'n gyndyn o wneud ystyr yr hyn a ddywedwn yn hollol eglur.

Yn aml, byddwn yn gadael i ymadroddion mawr y Ffydd sefyll ar eu sodlau eu hunain, heb geisio rhoi unrhyw arlliw o ystyr iddynt. Gall hynny arwain at gamddeall, neu at roi bryd arall yr argraff o gonsensws, pan nad oes cytundeb mewn gwirionedd.

Ac yn olaf, mae'n werth sylwi ar bwyslais Llyfr y Diarhebion ar natur feddyginiaethol geiriau. Yn rhinwedd eu gallu i gyfleu cysur, cefnogaeth, cerydd, cyfeillgarwch a chymod y maent yn offerynnau bendith:
    "Y mae rhoi ateb gonest

fel rhoi cusan ar wefusau" (24:26).

Trafod

Beth yw'r cyngor gorau y bu i chi ei dderbyn erioed?

Mae ein diwylliant yn creu pobl sy'n rhy dafotrydd a rhy barod i siarad heb feddwl.

Beth yw nodweddion sgwrs dda?

Pa mor anodd yw cadw'n ddistaw?

Gwers 30
Geiriau Agur (Diar. 30:1–9)

Fe derfynwn ein taith trwy Lyfr y Diarhebion trwy sylwi ar eiriau un nad oedd, yn ôl pob tebyg, yn perthyn i genedl Israel. Ni wyddom pwy oedd Agur na'i dad, Jaceh. Awgryma'r cyfeiriad at Massa (adn. 1) mai o Arabia yr hanai, ac os gwir hynny rhaid gofyn pam fod ei eiriau wedi eu cynnwys yn Llyfr y Diarhebion o gwbl?

Awgrymodd rhai nad oedd fawr o wahaniaeth rhwng llên doethineb yr Iddewon ac eiddo pobloedd eraill y Dwyrain Agos. Ond rhaid cofio y dywedir fod doethineb Solomon yn rhagori'n fawr ar eiddo'r cenhedloedd o'i gwmpas (1 Bren. 4:29-34). Awgrymodd eraill mai er mwyn tanlinellu rhagoriaeth doethineb yr Iddewon y cynhwyswyd geiriau Agur yma. Rhaid cofio hefyd fod yr adran hon o Lyfr y Diarhebion gyda'r anoddaf yn yr Hen Destament i'w chyfieithu'n foddhaol, ac nad oes sicrwydd mai siarad â dau fachgen, Ithiel ac Ucal, a wna Agur. Dyna'r cyfieithiad a ffafrir yn y BCN Diwygiedig, ond dadleua rhai ei bod yn annhebygol iawn mai enwau personol yw geiriau anodd yr adnod gyntaf.

Ta waeth am hynny, y mae Agur yn cychwyn llefaru trwy ddweud ei fod yn fwy anwar na neb, heb ddeall dynol na doethineb na dirnadaeth o'r dwyfol (adn. 2–3). Gormodiaeth sydd yma'n sicr, a gormodiaeth sy'n ei hanfod yn profi'r gwrthwyneb i'r hyn a fynegir. Wrth ddweud ei fod yn anwar, sef, mae'n debyg, heb fwy o ddealltwriaeth nag anifail, a heb erioed ddysgu doethineb, mae Agur yn arddangos un o brif nodweddion y gŵr doeth yn Llyfr y Diarhebion: yr ymwybyddiaeth o'i anallu a'i gyfyngiadau.

Awgryma esbonwyr y gall 'Un Sanctaidd' (adn. 3) olygu 'pethau sanctaidd'; ond o gymryd mai Duw sydd mewn golwg yma, cawn ein hatgoffa am gynsail y llyfr yn gyfan; sef yr haeriad mai "ofn yr Arglwydd yw dechrau gwybodaeth" (1:7).

Yn dilyn, ceir nifer o gwestiynau sydd wedi eu bwriadu i'n hargyhoeddi o gyfyngiadau gwybodaeth ddynol a pha mor anhreiddiadwy yw doethineb Duw. Pwysleisir i ddechrau nad oedd gan neb dynol ran yng ngwaith y creu, a hynny trwy nifer o gwestiynau y mae'n rhaid eu hateb yn negyddol (cymh. 8:22–31; Job 38–39; Es. 40:12–14).

Ni fu i neb esgyn i'r nefoedd a disgyn yn ôl i'r ddaear (adn. 4), ac y mae'r Hen Destament yn gwgu ar y balchder a ganfyddir yn anochel wrth wraidd y fath uchelgais (cymh. Gen. 28:10–22; Es. 14:13–15).

Nid oes gan neb ond Duw reolaeth dros y gwynt chwaith (adn. 4b; cymh. Gen. 8:1; Salm 135:7).

Mae'n debyg mai'r gallu i ffurfio cymylau a olygir wrth rwymo'r dyfroedd mewn gwisg (cymh. Job 26:8): ni wnaeth neb dynol hynny.

Yn sicr ni ellid enwi neb a sefydlodd derfynau'r ddaear, na mab rhywun a gyflawnodd y gamp (cymh. 8:27–29)

Awgryma esbonwyr y pwysleisir yn yr adnodau hyn ar y naill law na all neb dynol ymgyrraedd at ddoethineb Duw; y mae bwlch diadlam rhwng y dynol a'r dwyfol yn hyn o beth. Ond ar y llaw arall, meddir, ceir gwahoddiad i roi ateb cadarnhaol i'r ymholi trwy enwi'r Arglwydd. Trwy berthynas â Duw, unig geidwad doethineb, y mae ennill doethineb. Dyna'n sicr brofiad Job, yr un 'diwybod' y bu iddo ymostwng a chyffesu wrth Dduw;
> "Gwn dy fod yn gallu gwneud popeth,
> ac nad oes dim yn amhosibl i ti" (Job 42:2)

Y mae'r cyfeiriad at 'eiriau Duw' (adn.5) yn amwys, er iddo gael ei gymryd fel cyfeiriad at yr hyn a adwaenwn ni heddiw fel yr Ysgrythur. Cofier, fodd bynnag, nad oedd amryw o eiriau'r Beibl wedi eu llefaru bryd hynny. Eto i gyd, pwyslais ar ddatguddiad dwyfol yn hytrach nag ymchwil ddynol sydd yma, a gellir cymharu'r hyn a ddywedir â geiriau Moses, sy'n gwadu fod rhaid esgyn i'r nefoedd neu groesi'r môr i gael y Gyfraith, gan haeru: "Y mae'r gair yn agos iawn atat; y mae yn dy enau ac yn dy galon, er mwyn iti ei wneud" (Deut. 30:14).

Gwelodd rhai hefyd gysylltiad rhwng adnod 6 a'r hyn a ddywed Moses wrth annog y genedl i fod yn ufudd: "Peidiwch ag ychwanegu dim at yr hyn yr wyf yn ei orchymyn ichwi, nag ychwaith dynnu oddi wrtho, ond cadw at orchmynion yr ARGLWYDD eich Duw" (Deut. 4:2).

Ceir rhybudd tebyg gan yr Apostol Paul wrth gyfarch y Corinthiaid (cymh. 1 Cor. 4:6), a chan awdur Llyfr y Datguddiad wrth ddynesu at derfyn ei druth (Dat. 22:18–19). A beth am eiriau William Cowper, a'i argyhoeddiad yntau yn yr emyn a gyfieithwyd mor urddasol gan Lewis Edwards:

"Na farna Dduw â'th reswm noeth,
    cred ei addewid rad
tu cefn i len rhagluniaeth ddoeth
    mae'n cuddio wyneb Tad." (*Caneuon Ffydd*, 66)

Daw'r adran i ben gyda gweddi Agur, sy'n cyffwrdd â dwy o themâu amlwg Llyfr y Diarhebion. Yn gyntaf, mae'n gofyn am onestrwydd trwy ymbil ar Dduw i symud gwagedd a chelwydd ymhell oddi wrtho. Ac yn ail, mae'n gofyn am gael byw'n ddedwydd, heb na phrinder na gormodedd (adn.8). Ei gymhelliad dros ofyn hyn yw ymgadw rhag balchder a gwadu Duw ar y naill law, a rhag angen eithafol a'i try'n lleidr ar y llaw arall. Dyma'r tro cyntaf yn Llyfr y Diarhebion i ni weld y syniad nad yw cyfoeth i'w chwenychu; a chawn ein hatgoffa am eiriau Gweddi'r Arglwydd: "Dyro inni heddiw ein bara beunyddiol" (Mth.6:11) a geiriau'r Apostol Paul wrth Timotheus: "Os oes gennym fwyd a dillad, gadewch inni fodloni ar hynny. Y mae'r rhai sydd am fod yn gyfoethog yn syrthio i demtasiynau a maglau, a llu o chwantau direswm a niweidiol, sy'n hyrddio pobl i lawr i ddistryw a cholledigaeth" (1 Tim. 6:8–9).

Mewn gair, ateb Agur i broblem anwybodaeth a phroblem foesol hunanoldeb yw dibyniaeth ar Dduw.

Cymhwyso
Cyfyngiadau gwybodaeth ddynol, dirgelwch y Duw sy'n guddiedig, lle canolog datguddiad, a phwysigrwydd bodlonrwydd personol yw themâu amlwg yr adran hon. O'u hystyried, ni allwn lai na theimlo'n wylaidd a gostyngedig, oherwydd y maent ar y naill law'n tanlinellu rhai o broblemau oesol y teulu dynol, ac ar y llaw arall yn cynnig ateb i'n hargyfwng, sef dibyniaeth ar Dduw ac ymddiriedaeth ynddo. Dechrau

doethineb fydd hynny, fodd bynnag, a dylid ymgadw rhag yr agwedd meddwl honno a fydd, er gwaethaf ein proffes, yn gwadu ein methiant i gymhwyso'n iawn y gwirioneddau a ddysgwyd inni.

Ar y stryd yn Aberystwyth un prynhawn, yn y cyfnod yr oeddwn yn paratoi'r sylwadau hyn, cefais daflen ag arni'r pennawd, 'Pa mor ddoeth ydych chi?' Byrdwn ei neges oedd bod Duw wedi paratoi nefoedd i'r rhai a oedd yn edifarhau ac yn derbyn Iesu gan ymddiried yn llwyr ynddo. Anogaeth y daflen oedd inni fod yn ddoeth a throi at Iesu ar unwaith a chasglu i ni ein hunain ystorfa o drysor yn y nefoedd. Byrdwn Llyfr y Diarhebion, fodd bynnag, yw y dylai doethineb ein galluogi i fyw yn dda yn y byd a'r bywyd hwn; ac o feithrin yr agwedd meddwl honno sy'n ofn yr Arglwydd, bydd doethineb yn dylanwadu ar ein holl fywyd. Ni cheir awgrym y bydd sicrhau hynny'n hawdd, ond ceir argyhoeddiad sicr fod hynny'n eithriadol bwysig.

Trafod
Pa lenyddiaeth, heblaw'r Beibl, sy'n ddefnyddiol i hybu doethineb? A gredwch fod gan awduron o'r tu allan i gylch yr Eglwys wirioneddau pwysig i'w dysgu inni, ynteu a yw dysgeidiaeth y Beibl yn gwbl ddigonol?

Beth sy'n peri i chi deimlo'n ostyngedig a gwylaidd?

Beth yw 'geiriau Duw' yn eich tyb chwi?

Sut mae hybu bodlonrwydd mewn oes farus?

Gwers 31
Adolygu'r diarhebion

Cawn gyfle yn awr i adolygu'r hyn a ddysgwyd am Lyfr y Diarhebion. Bu i ni sylwi ar amrywiol agweddau'r llyfr a chraffu ar sawl dihareb unigol.

Ystyriwch am ennyd pa ddihareb sydd wedi glynu amlycaf yn eich cof, a cheisiwch esbonio wrth weddill y dosbarth pam y bu hynny. Ai oherwydd ei hergyd, neu ei ffurf ymadrodd, neu ryw reswm arall?

Fel y sylwyd eisoes, mae rhai wedi credu mai llyfr digon seciwlar ei natur yw Llyfr y Diarhebion, ond gwelsom wrth ei astudio fod ei ddiwinyddiaeth a'i ysbrydoledd yn llechu'n aml dan yr wyneb, allan o olwg y darllenydd didaro, ond yn gwbl amlwg i'r sawl sy'n myfyrio dros ei gynnwys. Nodwyd mai'r allwedd i ddeall ei natur grefyddol yw'r ddihareb sy'n mynnu mai "Ofn yr Arglwydd yw dechrau gwybodaeth" (1:7).

Ceisiwch ddisgrifio beth y dichon 'ofn yr Arglwydd' ei olygu heddiw, a cheisiwch roi enghreifftiau cyfoes o'r agwedd honno sydd mor ganolog i holl feddylfryd Llyfr y Diarhebion.

Y mae Llyfr y Diarhebion yn perthyn i fyd a chymdeithas sy'n ddieithr iawn i ni bellach, ond y mae'n adlewyrchu'r un pryd agweddau ar fywyd a'r natur ddynol sy'n oesol. Gwelsom fod agwedd y llyfr at wragedd yn brin o'r parch y byddem ni yn ei arddel at ferched heddiw; ac o ddarllen rhannau ohono caed yr argraff ei fod hefyd yn tadogi'r drwg ar ferched yn hytrach na dynion. Ceisiwyd pwysleisio mai cyd-destun diwylliannol y cyfnod oedd i gyfrif am hynny, ond tybed a fu i'w gynnwys beri i rai o aelodau'r dosbarth deimlo'n anghysurus? Trafodwyd yn ogystal sawl agwedd ddigon atgas ar fywyd, megis apêl ac atyniad drwgweithredwyr i ieuenctid sy'n chwilio am gyfeillgarwch a chyffro; a sylwyd ar y rhybuddion rhag ymwneud â chymeriadau amheus ac amharchus.

Ystyriwch i ba raddau y gwelsoch yn Llyfr y Diarhebion themâu a phynciau na fyddech yn eu cysylltu'n syth â'r Ysgrythur; a holwch i ba raddau y bu i ni anwybyddu rhai rhannau o'r Beibl, a chyfyngu ei ddylanwad i rai rhannau o'n bywyd?

Gwelwyd hefyd fod Llyfr y Diarhebion yn arddel rhai gwirebau fel gwirioneddau cyffredinol. Ond wrth astudio'r llyfr sylweddolwyd nad oedd yr argyhoeddiad y byddai'r da bob amser yn llwyddo, neu mai tranc fyddai diwedd anochel pob drwgweithredu, yn dal dŵr o safbwynt profiad. Yn aml, fel y gwelwn mor amlwg, fel arall yw tystiolaeth bywyd o'n cwmpas. Ond er hynny, oni ellir disgwyl llwyddiant a bendith o wneud yr hyn sy'n iawn?

Ystyriwch yr agwedd hon i Lyfr y Diarhebion yng ngoleuni emyn rhif 752 yn *Caneuon Ffydd*.

Ar ffurf addysg y mae tad yn ei chyflwyno i'w fab y cyflwynir peth o gynnwys y llyfr hwn, a'r amcan yn amlwg yw cynyddu medrusrwydd y bachgen yn y grefft o fyw. Cydnabyddir yr anfantais a ddaw i'r ifanc o'u diffyg profiad, ond mynnir hefyd nad oes neb yn rhy hen i ddysgu. Rhybuddir rhag geiriau traws a siarad gwag, diogi, hunanoldeb, twyll a'r ysfa i ennill mantais a gwastrodi'r diymgeledd. Y mae yn y llyfr lasbrint ar gyfer bywyd dedwydd, ond i ba raddau ydyw'n siarad â ni heddiw?

Ystyriwch faint o'r diarhebion y bu i ni sylwi arnynt sydd o hyd yn berthnasol. Holwch a yw eu hieithwedd a'u hidiom yn addas ar gyfer yr unfed ganrif ar hugain, a cheisiwch grynhoi mewn dihareb newydd o'ch eiddo eich hun yr hyn a ystyriwch yw prif neges y llyfr.

Y mae Llyfr y Diarhebion yn pwysleisio rhyfeddod a gwyleidd-dra, annigonolrwydd gwybodaeth ddynol, a lle'r creadur gerbron ei Greawdwr. Mewn oes sydd bellach wedi llwyddo i esbonio llawer mwy am ddirgelwch byd natur, gan wneud iddo ymddangos yn fwy cymhleth nag erioed, ni allwn lai na holi a barodd cynnydd gwyddoniaeth a thechnoleg i ni synnu llai ynteu ryfeddu mwy?

Ystyriwch pa mor hanfodol i fywyd iach yw'r gallu i ryfeddu a gwerthfawrogi, a cheisiwch rannu â'r dosbarth rai o'r pethau sy'n ennyn y fath ymateb ynoch gan esbonio pam.

Yn olaf, wedi ystyried eto rai o brif themâu Llyfr y Diarhebion, ceisiwch lunio brawddeg o weddi wedi ei seilio ar ei neges neu ar yr argraff a wnaed arnoch wrth i chi astudio'r llyfr. Rhannwch y weddi â gweddill y dosbarth.

Gwers 32
Dywediadau Iesu

"Peidiwch â thybio i mi ddod i ddileu'r Gyfraith na'r proffwydi: ni ddeuthum i ddileu ond i gyflawni (Mth. 5:17).

Fe drown yn awr at rai o ddywediadau Iesu, gan gadw mewn cof y pwyslais ymarferol a moesol a gawsom yn Llyfr y Diarhebion, a holi ymhellach am berthynas rhai o'r egwyddorion a'r argymhellion a welsom yno â dysgeidiaeth y Testament Newydd.

O gofio ein bod wrth ystyried y diarhebion wedi sylwi sawl gwaith ar yr arweiniad a gaed yn y Gyfraith Iddewig ynglŷn ag amrywiol agweddau bywyd, ac o gofio'r honiad gan rai Cristnogion cydwybodol fod yr Hen Destament yn israddol i'r Newydd, mae'n addas cychwyn gyda geiriau Iesu sy'n adlewyrchu ei agwedd ef at y Gyfraith. Cyhoeddodd Iesu yn y Bregeth ar y Mynydd mai cyflawni'r Gyfraith oedd ei waith, a mynnodd nad ai'r "un llythyren na'r un manylyn lleiaf o'r Gyfraith [yn ddi-rym} nes i'r cwbl ddigwydd" (Mth. 5:18).

Yn ôl rhai esbonwyr, mae gormod o flas uniongrededd Iddewig y Ganrif Gyntaf ar yr ymadrodd hwn, a diddorol yw sylwi fod Luc yn dyfynnu ymadrodd tebyg o'r eiddo Iesu pan yw'n cyhuddo'r Phariseaid o'u cyfiawnhau eu hunain: "Ond byddai'n haws i'r nef a'r ddaear ddarfod nag i fanylyn lleiaf y Gyfraith golli ei rym" (Luc 16:17).

Mae'r agwedd lai pendant a geir gan Luc wedi peri i rai awgrymu bod Iesu'n ceisio dweud wrth y Phariseaid fod yna fwy o obaith i'r cread ddiflannu nag iddynt hwy roi heibio'r manylyn lleiaf o'u dehongliad o'r Gyfraith!

O fewn cylchoedd Cristnogol Iddewig eu safbwynt ym Mhalestina'r Ganrif Gyntaf, gellir yn rhwydd gredu bod yna rai am gymhwyso'r Gyfraith yn ei chrynswth i'r cyd-destun Cristnogol newydd, gan fynnu bod rhaid i ddilynwyr Iesu ufuddhau i'r Gyfraith Iddewig. Ond wrth i'r Eglwys Fore ehangu ac ymledu i'r byd Groegaidd, daeth yn amlwg i arweinwyr fel Pedr a Phaul na ellid rhwymo'r Eglwys wrth ofynion felly.

Ceir sawl enghraifft yn y Testament Newydd o Iesu'n gwrthdaro'n ffyrnig â'r Phariseaid oherwydd eu hymlyniad wrth eu dehongliad arbennig o'r Gyfraith. Cyhuddodd hwy o osod eu traddodiad eu hunain o flaen gorchymyn Duw (Mth. 15:3) a gormesu'r boblogaeth gyffredin â gorchmynion beichus (Mth. 23:4). Ac wedi dweud iddo ddod i gyflawni'r Gyfraith, mae Iesu unwaith eto'n rhybuddio'i ddilynwyr o'r hyn a ofynnid ganddynt: "Rwy'n dweud wrthych, oni fydd eich cyfiawnder chwi yn rhagori llawer ar eiddo'r ysgrifenyddion a'r Phariseaid, nid ewch byth i mewn i deyrnas nefoedd" (Mth. 5:20).

Nid annog ei ddilynwyr i anwybyddu'r Gyfraith Iddewig a wnai Iesu, ond galw arnynt i ragori arni. Nid gostwng y safon, ond gosod nod teilwng i ymgyrraedd ato oedd ei fwriad; ac roedd hynny'n aml iawn yn golygu mwy na chadw manylion cyfreithiol. Y peth mawr, gellid tybio, oedd cadw ysbryd y Ddeddf, a go brin y llwyddid i wneud hynny'n iawn heb fod yna ymlyniad mewnol wrthi. Wedi'r cwbl, nid mater o ddyletswydd yn unig yw ufuddhau i Dduw, ond llawenydd (cymh. Salm 40:7–8). Cawn ddweud gair eto am hyn yn y gwersi sy'n dilyn. Digon am y tro yw pwysleisio nad gorchmynion a gedwid er eu mwyn eu hunain, neu i gyflawni defod arbennig, oedd gorchmynion y Gyfraith yn ôl Iesu Grist, ond bod iddynt hefyd agweddau moesegol. Dyna'n sicr ergyd y geiriau hyn wrth yr ysgrifenyddion a'r Phariseaid;

"Gwae chwi, ysgrifenyddion a Phariseaid, ragrithwyr, oherwydd yr ydych yn talu degwm o fintys ac anis a chwmin, ond gadawsoch heibio bethau trymach y Gyfraith, cyfiawnder a thrugaredd a ffyddlondeb, yr union bethau y dylasech ofalu amdanynt, heb adael heibio'r lleill. Arweinwyr dall! Yr ydych yn hidlo'r gwybedyn ac yn llyncu'r camel" (Mth:23:23–24).

Y mae coegni crafog yn gwbl amlwg yn y cyfeiriad hwn at rai'n mynd i'r drafferth o sicrhau nad oedd pryfetach mewn bwyd a diod trwy eu hidlo, ond yna'n llyncu camel yn gwbl ddifeddwl efo'r cegaid nesaf. Roedd yn rhaid i ymlyniad wrth y Gyfraith darddu o'r galon, ac adlewyrchu ei hysbryd trwy weithredu mewn modd moesol a derbyniol.

Cymhwyso

Yn yr hanes hwn am wrthdaro rhwng Iesu a'r Phariseaid pwysleisir y rheidrwydd i edrych y tu hwnt i fanion cyfreithiol i ganfod ysbryd y Ddeddf.

Mae'r modd y bu i ni uchod ystyried agwedd Iesu at y Gyfraith, a hynny ar gorn rhai o'i ymadroddion yn yr efengylau, yn tanlinellu'r ffaith fod i'w eiriau sawl cyd-destun gwahanol, ac mai gwaith anodd ac astrus yn aml yw eu dehongli.

Awgrymodd ysgolheigion fod Mathew wedi cynnwys yn ei efengyl ddefnyddiau a gasglwyd gan grwpiau Cristnogol Iddewig ym Mhalestina'r Ganrif Gyntaf. Roedd yn naturiol i'r geiriau hynny adlewyrchu diddordeb, ac ar dro, hunan-les y gymuned Iddewig yr oeddent yn tarddu ohoni. Ond ceir yn y Testament Newydd hefyd ddefnydd sy'n adlewyrchu safbwynt llai cyfreithiol. A dyna, o bosibl, esbonio'r gwahaniaeth rhwng y pwyslais a geir gan Mathew (Mth. 5:18) a Luc (Lc. 16:17).

Oni ddylem bob amser geisio ystyried beth a olygai geiriau Iesu i'r bobl a'i clywodd ef yn eu llefaru, ac i'r rhai a'u cofnododd i'w diogelu yn yr Ysgrythur, ac i'r rhai sy'n eu clywed o'r newydd yn ein dydd a'n cyfnod ni? O ystyried pob cyd-destun posibl, a rhoi sylw i'r pwyslais gwahanol sy'n deillio o bob un ohonynt, gellir ymgyrraedd at werthfawrogiad teilwng o'r Ffydd.

O gymryd o ddifrif bwyslais Llyfr y Diarhebion ar ddoethineb a byw, mae'n amlwg hefyd na ellir ymgyrraedd at ddelfrydau mor aruchel â hynny trwy ddarllen y Beibl yn arwynebol. Nid cyfres o reolau i'w cymhwyso'n syml a geir yma, ond geiriau i'w dehongli. Ac y mae'r gwaith o ddehongli'n gofyn inni ystyried a gwerthuso ac iawn farnu priodoldeb ein defnydd o'r Ysgrythur. Fel yr oedd rhaid i'r Hebreaid benderfynu pa weithredoedd a fyddai'n cyflawni gofynion y Gyfraith yng nghyfnod Iesu, felly y mae'n rhaid i ninnau benderfynu pa weithredoedd a fydd yn ein cadw'n ffyddlon i Iesu yn ein cyfnod ni.

Cafwyd sawl enghraifft o'r Ysgrythur yn cael ei dehongli i gyfiawnhau syniadau cwbl wrthun a chywilyddus, megis y rhai a fu'n sylfaen i apartheid. Cafwyd hefyd o fewn Cristnogaeth drafodaethau bywiog ac adeiladol rhwng pobl sy'n dehongli'r Ysgrythurau mewn ffyrdd gwahanol. Er enghraifft, mae rhai heddychwyr yn ymwrthod â'r sylfaen ysgrythurol y gwêl eraill i ryfel cyfiawn; a bydd y rhai sydd am arddel rhyfel dan amodau arbennig yn gwrthod dehongliad heddychwyr o rannau arbennig o'r Ysgrythur.

Mewn gair, y mae haeriad Mathew a osodwyd yng ngenau Crist nad ai'r un "iod nac un tipyn o'r gyfraith heibio, hyd oni chwblhaer oll" (Mth 5:18 yn yr Hen Gyfieithiad) yn codi llawer gormod o gwestiynau i ni ei dderbyn heb geisio'i ddehongli. Braint a chyfrifoldeb pob crediniwr yw gwneud ei orau i ymgymryd â'r dasg honno gyda gofal, ymroddiad, astudiaeth drylwyr a phob cydwybod dda, a chan weddïo y bydd yr Ysbryd Glân hefyd yn goleuo meddwl a deall y rhai sy'n ymroi i'r dasg.

Trafod
A gredwch fod yr Hen Destament a'r Newydd gyfwerth â'i gilydd i'r rhai sy'n arddel y Ffydd Gristnogol? Sut y deallwch chi'r berthynas rhyngddynt?

Ni ellir derbyn geiriau'r Ysgrythur heb ystyried hefyd yr hyn a olygant i ni heddiw.

Y mae gorchmynion a deddfau pendant yn help i fyw'n iawn, a dylid glynu wrthynt dan bob amgylchiad.

Y mae angen rhagor nag ymdeimlad o ddyletswydd i fyw'r Ffydd.

Gwers 33
Dywediadau Iesu

"Y Saboth a wnaethpwyd er mwyn dyn, ac nid dyn er mwyn y Saboth. Felly y mae Mab y Dyn yn arglwydd hyd yn oed ar y Saboth" (Mc. 2:27–28).

Mae'r datganiad hwn gan Iesu'n enghraifft berffaith o'r pwyslais a roddai ef ar sicrhau fod ysbryd y Ddeddf yn cael ei barchu yn hytrach nag ymlynu'n slafaidd wrth fanylion cyfreithiol. Ymddengys, yn ôl yr esbonwyr, fod sawl digwyddiad wedi eu huno ynghyd i lunio'r adroddiad hwn am Iesu a'i ddisgyblion yn cerdded trwy gae o ŷd ar y Saboth.

Mae'n debyg mai llain o dir a llwybr yn mynd gefn ei ymyl oedd y cae. Wrth gerdded tynnodd y disgyblion dywysennau. Mae Mathew'n ychwanegu eu bod wedi eu bwyta (Mth. 12:1), a Luc yn eu disgrifio'n rhwbio'r tywysennau rhwng eu dwylo er mwyn gwneud hynny (Luc 6:1). Ni cheir unrhyw fanylion am y lle y digwyddodd hyn ynddo, ac nid awgrymir chwaith pam fod y Phariseaid yno ar y pryd i allu gweld yr hyn a ddigwyddodd. Yn wir, awgrymodd rhai bod y Phariseaid yn ymddangos a diflannu yn yr efengylau yn ôl mympwy'r efengylwyr, a'u bod gymaint rhan o'r darlun cyffredinol â'r coed a'r mynyddoedd!

Yr oedd y Gyfraith Iddewig yn gwahardd pob math o weithgarwch ar y Saboth, ac nid yw'n syndod o gwbl fod y Phariseaid wedi cyhuddo disgyblion Iesu o dorri'r gorchmynion ynglŷn â chadw'r dydd arbennig hwn wrth iddynt fedi'r ŷd a bwyta'r tywysennau (cymh. Ex. 34:21). Ar ddiwrnod arall, byddai'r fath weithgarwch wedi ei ganiatáu (Deut. 23:25). I'w amddiffyn ei hun rhag cyhuddiad y Phariseaid, mae Iesu'n gyntaf yn eu hatgoffa o'r hyn a wnaeth y brenin Dafydd i sicrhau ymborth iddo'i hun a'i ddilynwyr. Bwytaodd y bara cysegredig nad oedd gan neb ond yr offeiriad, yn ôl y Gyfraith, hawl i'w fwyta; a thorrodd un o'i gorchmynion am fod arno newyn (gwe. 1 Sam. 21:1-6; cymh. Lef. 24: 5-9).

Er gwaethaf ei holl wendidau, ystyrid Dafydd yn frenin da, duwiol a chywir, ac os torrodd y Gyfraith i gyflenwi rheidiau'r corff, onid oedd yr un egwyddor yn dal yn achos y disgyblion hefyd? Bwriadwyd y Gyfraith er lles pobl, ac os oedd angen ei thorri ar dro er mwyn hybu lles dynol, boed felly. Yn wir, awgrymwyd fod haeriad Iesu i'r Saboth gael ei sefydlu er mwyn dyn yn adleisio dywediad cyffredin a gaiff ei dadogi i fwy nag un rabi Iddewig: 'Y Saboth a roddwyd i chwi, ac nid chwi i'r Saboth'.

Hyd yma, gallasai'r ddadl a ddisgrifir rhwng Iesu a'r Phariseaid fod yn ddadl rhwng unrhyw ddau rabi Iddewig. Yn null traddodiadol y rabiniaid, mae Iesu'n amddiffyn ei ddisgyblion trwy gynnig gwrthddadl a chyfeirio at achos arbennig. Ac y mae arlliw o goegni yn ei eiriau wrth iddo fynegi syndod na wyddai'r Phariseaid am yr achos y cyfeiria ato (adn. 25)! Ond y mae adnod 28 yn rhoi gogwydd gwahanol i'w ddadl, gan ei fod yn haeru bod "Mab y Dyn yn arglwydd hyd yn oed ar y Saboth".

Awgrymodd rhai esbonwyr mai ychwanegiad diweddarach yw'r gosodiad hwn, gan nad yw'n dilyn yn naturiol o'r haeriad fod tynnu tywysennau ar y Saboth yn gwbl dderbyniol dan amgylchiadau arbennig. Mae'n sawru, meddir, o argyhoeddiad Cristnogion y Ganrif Gyntaf fod Iesu'n Arglwydd ar fywyd yn gyfan; ac y mae'r modd y caiff yr adnod ei chyflwyno â'r geiriau, "Dywedodd wrthynt hefyd" yn awgrymu, yn ôl rhai, bod yma ddywediad annibynnol yn wreiddiol.

Bid a fo am hynny, mae'n ymddangos mai'r ergyd yw bod gan Iesu, ar sail ei berthynas unigryw â Duw, awdurdod i ddehongli'r Gyfraith. Gwna hynny'n unol â'r bwriad dwyfol y tu ôl iddi ac fel cynrychiolydd dynoliaeth gyfan, oherwydd gallai'r ymadrodd 'Mab y dyn' olygu pawb dynol. Ond mae'r modd pendant y caiff ei gyflwyno yma'n awgrymu fod Marc yn ei ddefnyddio mewn modd arbennig yng nghyswllt Iesu.

Cymhwyso

Cefndir yr adroddiad hwn yn yr efengylau yw hanes y Creu yn Llyfr Genesis. Yno dywedir fod Duw wedi gorffwyso ar y seithfed dydd oddi wrth ei holl waith, "Am hynny bendithiodd Duw y seithfed dydd a'i sancteiddio, am mai ar hwnnw y gorffwysodd Duw oddi wrth ei holl waith yn creu (Gen. 2:3).

Go brin fod Duw angen gorffwys yn yr ystyr y byddwn ni angen gorffwys wedi cyfnod o galedwaith. Yn sicr, nid dyna oedd y cymhelliad dwyfol dros sancteiddio'r seithfed dydd. Yn hytrach, neilltuwyd y Saboth yn ddydd o orffwys er lles y creaduriaid nid y Creawdwr, ac y mae'n amlwg, o'r modd y mynegir yn Llyfr Deuteronomium y dylid ymatal rhag gweithio ar y dydd hwnnw, mai lles pobl oedd gan Dduw mewn golwg, "er mwyn i'th was a'th forwyn gael gorffwys fel ti dy hun" (gwe. Deut. 5:12–15). Y ffordd orau felly i sancteiddio'r dydd oedd trwy gyfarfod ag angen pobl, ac mae'n ymddangos fod y weithred o dynnu tywysennau wrth fynd trwy gae ŷd er mwyn dileu chwant bwyd, yn cyd-daro ag amcan y Gyfraith.

Heddiw, mae diwylliant gwaith gwledydd Prydain yn annog gweithwyr i ymroi i'w llafur am oriau maith. Gwgu a wneir ar bobl sy'n ceisio ennill cydbwysedd rhesymol rhwng gwaith a gorffwys, ac y mae gweithwyr mewn perygl o gael eu gorfodi, mewn amgylchiadau economaidd anodd, i aberthu lles eu hiechyd a'u teulu a'u cymuned ar allor elw eu cyflogwyr. Ac eto, ymddengys mai gwers yr hanes am Iesu a'i ddisgyblion yn mynd trwy'r cae ŷd yw bod angen hyblygrwydd hyd yn oed wrth ymdrin â'r Gyfraith, bod rhaid cadw golwg ar ei nod a'i hamcan gwreiddiol, a cheisio sicrhau nad yw glynu wrthi'n tanseilio'r amcan hwnnw.

Yn yr Eglwys Fore disodlwyd y Saboth fel dydd o orffwys gan ddydd cyntaf yr wythnos, sef dydd yr Atgyfodiad. Yng Nghymru gynt, roedd bri arbennig ar 'gadw'r Sul'. Barn rhai yw y bu agweddau negyddol iawn i hynny, ac eto pwy fyddai'n gwadu bod neilltuo diwrnod cyntaf yr wythnos, a'i gadw'n ddydd gorffwys ac addoliad, wedi dwyn bendithion fyrdd i'w ganlyn. Yr allwedd i sicrhau fod bendith yn deillio o unrhyw weithredu yw cyflawni popeth gan gydnabod awdurdod Crist. Ganddo ef, meddai'r efengylwyr, yr oedd yr hawl i ddehongli'r Gyfraith ynglŷn â'r Saboth, am ei fod yn gwybod ewyllys ei Dad ac yn ei gweithredu.

Trafod
Beth yw eich barn am gadw'r Sul heddiw?

A yw geiriau emyn mawreddog Elfed yn taro tant yn eich profiad;
"Hwn yw y sanctaidd ddydd,
gorffwysodd Duw o'i waith;

a ninnau nawr, dan wenau Duw,
gorffwyswn ar ein taith".   (C.Ff . Rhif 2)

A yw ein diwylliant yn rhoi gormod o bwyslais ar waith?

Nid yw byth yn iawn torri cyfraith gwlad, beth bynnag yr amgylchiadau.

Beth yw ystyr cydnabod Iesu yn arglwydd bywyd i gyd?

Gwers 34
Dywediadau Iesu

'... ac â'r mesur a rowch y rhoir i chwithau'.(Mth. 7:2).

Awgryma'r esbonwyr fod blas dihareb ar yr ymadrodd hwn. Fe'i ceir mewn adran o efengyl Mathew sy'n ymdrin â phriodoldeb barnu eraill, ac sy'n adlewyrchu dull y rabiniaid o ddysgu. Yn gyntaf oll, ceir y gorchymyn, "Peidiwch â barnu, rhag ichwi gael eich barnu" (7:1). Yna ceir y cyfiawnhad diwinyddol dros honni'r fath beth, "oherwydd fel y byddwch chwi'n barnu y cewch chwithau eich barnu, ac â'r mesur a rowch y rhoir i chwithau" (7:2). Yna ceir dau ddarlun i esbonio'r hyn a olygir: person â thrawst yn ei lygaid yn sylwi ar frycheuyn yn llygaid ei gyfaill, a pherson â thrawst yn ei lygaid yn ceisio tynnu'r brycheuyn o lygaid ei gyfaill (7:3-5).

Ymddengys mai'r neges sylfaenol yw na ddylai credinwyr fod yn gondemniol eu hagwedd. Byddai hynny'n ennyn condemniad Duw, a ddoi arnynt o bosibl trwy farn eraill. Ac nid rhybudd syml iddynt fod yn gymedrol eu barn a geir yma ychwaith, yn ôl yr esbonwyr, ond mynegiant o'r argyhoeddiad y bydd y sawl sy'n arddel agwedd gondemniol ac anfaddeugar yn analluog i dderbyn maddeuant Duw ei hun. Ni all calon gondemniol a hunanfodlon dderbyn ei gariad a'i faddeuant ef.

Defnyddia Marc yr ymadrodd am y mesur a roir yn cael ei ad-dalu yng nghyd-destun derbyn dysgeidiaeth (Mc. 4:24), ac yn ôl y rabiniaid yr oedd Duw'n barnu'r byd yn ôl dwy safon, sef trugaredd a chyfiawnder. I sicrhau ymdriniaeth drugarog yn llaw Duw, yr awgrym a geir yma'n ôl pob golwg yw y dylid dangos trugaredd.

Mae'r cyfeiriadau at y brycheuyn a'r trawst yn tanlinellu ymhellach y ffaith na ddylid arddel agwedd feirniadol. A dichon y perthyn i'r rhain eto arlliw o ddihareb. Awgrymwyd y byddai'r cais 'Tynn y brycheuyn o'th lygad' yn ennyn yr ymateb, 'Tynn y trawst o'th lygad dy hun'. Ac mae'n debyg mai'r awgrym a geir yma yw na ddylid condemnio eraill ac ymagweddu'n feirniadol atynt gan na all neb byth weld yn ddigon eglur i dynnu'r brycheuyn o lygad rhywun arall. Awgrymwyd nad anogaeth i hunan ymchwilio cyn beirniadu sydd yma, ond anogaeth i beidio ag ymagweddu'n gondemniol.

Daw'r adran i ben gyda'r anogaeth i beidio â rhoi'r hyn sy'n sanctaidd i'r cŵn, na thaflu perlau o flaen moch (7:6). Er gwaethaf yr anogaeth i beidio â chondemnio, rhaid i'r credinwyr, er hynny, arddel dirnadaeth ac ymgadw rhag rhoi pethau sanctaidd a gwerthfawr i rai na fyddant yn eu gwerthfawrogi nac yn eu trin yn gyfrifol. Defnyddiwyd yr adnod yma'n ddiweddarach yn y *Didache*, sef llawlyfr Cristnogol o Syria a luniwyd tua diwedd y Ganrif Gyntaf, i rybuddio rhag gadael i bawb gyfranogi o'r Cymun: "Na foed i neb fwyta ac yfed o'ch Ewcharist ond y sawl a fedyddiwyd yn enw'r Arglwydd, oherwydd fel hyn y dywed yr Arglwydd ynglŷn â hyn, 'Peidiwch â rhoi'r hyn sydd sanctaidd i'r cŵn'." Yn un o'i ddamhegion mae Iesu'n cyfeirio at deyrnas nefoedd fel perl gwerthfawr (Mth. 13:45–46). A chan fod y cyfochredd rhwng perlau a phethau sanctaidd yn taro braidd yn chwithig, awgrymodd rhai esbonwyr fod camgymeriad yng nghymal cyntaf adnod 6, ac mai at fodrwy aur yn hytrach na'r 'hyn sy'n sanctaidd' y cyfeirid yn wreiddiol. Byddai hynny, meddir, yn cydio wrth un o'r diarhebion a gafodd sylw gennym eisoes, sef:

"Fel modrwy aur yn nhrwyn hwch,
felly y mae gwraig brydferth heb synnwyr" (Diar. 11:21).

Awgrym arall yw mai cig a aberthwyd i Dduw, ac a oedd o'r herwydd i'w ystyried yn sanctaidd, oedd yr hyn na ddylid ei roi i'r cŵn. A haerodd rhai mai paganiaid a chenedl ddynion, sef rhai nad oeddent yn Iddewon, a olygir yma wrth 'foch' a 'chŵn'.

Cymhwyso

Unwaith eto, o ddarllen yr adnodau hyn a'r esboniadau amrywiol arnynt, mae'n amlwg y dylid bod yn ofalus rhag darllen yn ôl i'r Ysgrythur syniadau a daliadau cyfnodau diweddarach. Efallai'n wir i Gristnogion Iddewig yn yr Eglwys Fore ddeall fod yma gyfiawnhad dros beidio â chyflwyno'r Efengyl i genedl ddynion; ond go brin mai dyna ystyr y geiriau pan lefarwyd hwy gan Iesu. Yr un modd, gwyddom iddynt gael eu defnyddio yng nghyfnod y *Didache* i wahardd rhai o'r Cymun, ond yn eu cyd-destun yn Efengyl Mathew, rhybudd syml ydynt i ymgadw rhag agwedd gondemniol.

Diau fod rhaid i'r credinwyr fel pawb arall arddel pwyll a chrebwyll, ac nad yw'n briodol i gyflwyno'r ffydd i bawb yn ddiwahân, dan bob amgylchiad. Ymddengys i Iesu ei hun sylweddoli nad oedd diben iddo gyflwyno'i neges i rai pobl, a chawn ef yn aros yn fud gerbron Herod, er i'r brenin ei holi'n faith (Luc 23:9).

Heddiw, mewn cyfnod pan fo adnoddau'n brin a'r duedd i gondemnio pawb sy'n ymwrthod â'r Ffydd yn demtasiwn gyson i Gristnogion digalon, mae'n werth rhoi sylw i'r hyn a ddywed Iesu am y rheidrwydd i arddel pob crebwyll ac i ymatal rhag condemnio.

Er iddi gydnabod afradlonedd yr heuwr sy'n hau hadau'r Ffydd gan wybod y bydd rhai'n syrthio ar y llwybr ac yn y drain, yn ogystal ag ar y tir da, mae'n rhaid i'r Eglwys grynhoi a thargedu ei hadnoddau, a gweithio yn y mannau hynny lle ceir rhyw argoel o lwyddiant. I rai, plannu eglwysi newydd yw'r nod; i eraill, rhaid ceisio gwneud hynny wrth warchod yr hyn sy'n weddill o'r hen gynulleidfaoedd. Waeth beth y bwriad, y gamp bob amser yw ymaflyd yn y gwaith gan osgoi'r agwedd hunangyfiawn a chondemniol honno sy'n adlewyrchu calon galed a meddwl caeedig. Onid oes angen ar y naill law'r doethineb y mae Llyfr y Diarhebion yn ei arddel, ac ar y llaw arall yr agwedd ymataliol ac anfeirniadol honno y mae Llyfr y Diarhebion weithiau mor brin ohoni?

Trafod
'Rhaid wrth aderyn glân i ganu'. Sut y byddech yn cymhwyso'r ddihareb hon at waith yr Eglwys?

Ni allwn fod yn bendant ein barn heb beri tramgwydd, nac yn fawrfrydig ein hagwedd heb lastwreiddio'r Ffydd.

A ddylai'r eglwysi ddefnyddio'u hadnoddau'n briodol, gan lafurio lle ceir rhagolygon am gynnydd, ynteu a yw bod yn afradlon yn nes at galon yr Efengyl?

Ydych chi'n cytuno fod agwedd gondemniol yn adlewyrchu calon sydd wedi ei chau i ras a chariad Duw?

Gwers 35
Dywediadau Iesu

"Os yw dy lygad de yn achos cwymp iti, tyn ef allan a'i daflu oddi wrthyt" (Mth.5:29).

Fel y gwelsom, yr oedd Llyfr y Diarhebion yn fawr ei ddiddordeb mewn ymddygiad gweddus a chywir, ac yn anghymeradwyo pob camymddwyn rhywiol, boed hynny ar ffurf ymwneud â phuteiniaid neu odineb.

Yn Efengyl Mathew, daw'r dywediad trawiadol sy'n argymell i rywun dynnu'r llygaid de allan os yw'n achos cwymp iddo yng nghanol adran sy'n ymdrin â godineb. Unwaith eto, mae Iesu'n annog ei ddisgyblion i ragori ar ofynion y Gyfraith, a thrwy ei dehongli yn llym y mae'n tanlinellu ei bwriad.

Dywed Iesu fod edrych mewn blys ar wraig rhywun arall gystal â chyflawni godineb â hi. Mae esbonwyr yn pwysleisio mai'r tramgwydd mawr yn ôl y seithfed gorchymyn (gwe. Ex.20:14; Deut. 5:18) oedd *dwyn* gwraig rhywun arall. Felly, nid anffyddlondeb gŵr i'w wraig ei hun, nac unrhyw syniad am amhuredd moesol oedd gwreiddyn y drwg, ond lladrata gwraig dyn arall.

Yr enghraifft amlycaf o'r drosedd honno yn y Beibl yw'r hyn a wnaeth y brenin Dafydd. Dechrau'r drwg oedd iddo un prynhawn *weld* Bathseba yn ymolchi, a hithau'n wraig brydferth iawn (gwe. 2 Sam. 11). Wedi godinebu â hi, ac iddi hithau feichiogi, trefnodd i'w gŵr Ureia yr Hethiad gael ei ladd mewn brwydr, a chymerodd Bathseba yn wraig iddo'i hun.

Cyngor Iesu, fodd bynnag, yw ei bod yn well colli aelod o'r corff na chaniatáu i'r aelod hwnnw beri i rywun bechu. Rhydd Iesu'r un cyngor eilwaith yn Efengyl Mathew, gan ychwanegu'r llaw a'r troed i'r aelodau y dylid eu hepgor os ydynt yn achos cwymp (gwe. Mth 18:8–9; cymh. Mc 9:43–48). A sylwer mai rhybudd rhag "bod dy gorff cyfan yn mynd i uffern" a geir ganddo. Consyrn am y person cyfan yn ei ymwneud ag eraill yw consyrn Mathew.

Cymhwyso

Mae dwy agwedd i'r gwirionedd a geir yn yr adran hon sydd werth eu pwysleisio. Yn gyntaf, rhaid cofio nad condemniad o atyniad naturiol gŵr at wraig sydd yma, ond yn hytrach condemniad o odineb. Er i'r seithfed gorchymyn wahardd hynny, mae'r degfed yn mynd ymhellach ac yn gwahardd hyd yn oed chwennych gwraig rhywun arall (gwe. Ex.20:17). Gellid chwennych gwraig am lu o resymau, megis y fantais a ddeuai o gyswllt â'i theulu neu'r bri a gaed o'i phriodi. Yr un modd, mae Iesu'n symud y tramgwydd oddi wrth gamymddwyn rhywiol ynddo'i hun at y dyhead a'i rhagflaenodd, a'r gweld oedd wrth wraidd y dyhead hwnnw.

Rhaid, felly, wrth hunanddisgyblaeth i arbed meddyliau drwg rhag cael eu porthi. Ni chyfeirir at unrhyw wraig arbennig yma, ond at bob gwraig yn gyffredinol, a thu ôl i'r rhybudd y mae'r sylweddoliad fod ymdrin â gwraig, neu unrhyw berson mewn gwirionedd, fel gwrthrych i'w ddefnyddio, yn gwbl groes i egwyddorion yr Efengyl. Yn 1981, datganodd y Pab Ioan Paul II y gallai dyn gyflawni godineb yn yr ystyr hwn gyda'i wraig ei hun!

Yr ail agwedd y mae'n rhaid sylwi arni yw anogaeth i niweidio'r corff er mwyn arbed cwymp. Go brin fod yr anogaeth honno i'w chymryd yn llythrennol. Siarad yn drosiadol a wna Iesu, ac nid oedd yn disgwyl i neb gymryd ei eiriau fel cyfarwyddyd llythrennol. Ystyrier hefyd y defnydd o'r geiriau hyn a geir gan William Williams, Pantycelyn yn ei gerdd Theomemphus;

O! cred, O! cred, cei gymorth
i dynnu'r llygad de;
O! cred, O! cred, cei allu
i dorri'r fraich o'i lle:
trwy gredu ti orchfygi
elynion rif y gwlith;
cred yn yr Oen yn unig
a'th wna yn hapus byth.

Er i Iesu ofyn rhagor nag a hawliai'r Gyfraith, mae'n rhoi grym i'r credinwyr i gyflawni'r gofyn, a hynny trwy nerth yr Ysbryd Glân.

Pwysleisia'r Apostol Paul fod credinwyr yn cael eu cyfiawnhau trwy ffydd, ac nid trwy gadw gofynion cyfraith; a dywed yn ei Lythyr at y Rhufeiniaid fod gofynion y Gyfraith yn cael eu cyflawni yn y rhai "sy'n byw, nid ar wastad y cnawd, ond ar wastad yr Ysbryd" (Rhuf. 8:4). Ychwanega hefyd mai "Crist yw diwedd y Gyfraith, ac felly, i bob un sy'n credu y daw cyfiawnder Duw" (Rhuf. 10:4).

Yn yr Unfed Ganrif ar Bymtheg dywedir i fynach yng Nghaergrawnt wrthwynebu cyfieithiad y diwygiwr, William Tyndale (c. 1494-1536) o'r Testament Newydd i'r Saesneg, am ei fod yn credu na ellid ymddiried yn y werin i'w ddarllen yn ddeallus. Mynnodd y byddai'r wlad yn llawn o bobl ddall ac anafus os caniateid i'r werin ddarllen geiriau Crist drostynt eu hunain gan y byddent yn siwr o gymryd yr anogaeth i dynnu llygad a thorri ymaith law a throed yn llythrennol. Y Sul dilynol, yn Eglwys Sant Iorwerth, Caergrawnt, esgynnodd y diwygiwr a'r pregethwr poblogaidd, Hugh Latimer, i'r pulpud a sicrhau ei gynulleidfa nad oedd rhaid i neb boeni am ymddangosiad yr Ysgrythurau yn iaith y bobl. Yr oedd y werin, meddai, yn fwy nag abl i allu gwahaniaethu rhwng ystyr llythrennol ac ystyr trosiadol cynnwys y Testament Newydd. Wedi'r cwbl, pan ddarlunnid llwynog yn pregethu mewn gwisg mynach nid oedd neb yn tybio mai llwynog yn llythrennol a olygid wrth hynny, ond deallai pawb mai darlunio ystryw a rhagrith a wneid. Dyna, meddai Hugh Latimer, briodoleddau a gai eu cuddio'n gyson dan y fath wisg.

Trafod

Beth ellir ei wneud yn ymarferol i ymladd temtasiwn mewn oes sy'n pwysleisio'r deniadol a'r pleserus?

Yn eich profiad chwi, ydi hi'n wir fod Duw'n rhoi'r nerth i'w bobl i ufuddhau iddo?

A yw'r Eglwys yn ddigon parod i gydnabod fod darllen y Beibl yn ddeallus yn gofyn ymdrech ac astudiaeth?

A ydym yn dal i fod mor hwyrfrydig â'r mynach hwnnw gynt yng Nghaergrawnt i wahodd pobl i ystyried cynnwys y Beibl drostynt eu hunain?

Gwers 36
Dywediadau Iesu

"Carwch eich gelynion a gweddïwch dros y rhai sy'n eich erlid" (Mth. 5:44).

Nodweddir Efengyl yr Arglwydd Iesu gan ei phwyslais canolog ar gariad, ac yma yn Efengyl Mathew pwysleisir pa mor holl gynhwysol y dylai'r cariad hwnnw fod. Cefndir dysgeidiaeth Iesu yw'r gorchymyn yn Llyfr Lefiticus i ymatal rhag dial: "Nid wyt i geisio dial ar un o'th bobl, na dal dig tuag ato, ond yr wyt i garu dy gymydog fel ti dy hun. Myfi yw'r ARGLWYDD" (Mth. 19:18).

Fodd bynnag, nid oes un gorchymyn yn yr Hen Destament sy'n annog casáu gelyn, ac awgryma esbonwyr nad oedd y fath agwedd yn nodweddiadol o'r foeseg Iddewig yn nyddiau Iesu. Er y gellid deall 'casáu' i olygu 'caru llai' neu 'roi llai o fri' ar rywun, nid yw'n ymddangos fod darllen y geiriau gyda'r pwyslais hwnnw chwaith yn eu gosod yn esmwyth yng nghyd-destun y cyfnod. Caed ymwybyddiaeth, fodd bynnag, o'r cyferbyniad sylfaenol rhwng y da a'r drwg, yn enwedig gyda golwg ar y pethau diwethaf; ac yr oedd ysgrifeniadau Qumran, er enghraifft, yn rhybuddio y dylid caru'r etholedigion a chasáu'r rhai a wrthodwyd gan Dduw.

Oherwydd hynny, ac am fod y gorchymyn yn Llyfr Lefiticus yn cyfeirio at garu cymydog, awgrymwyd nad gelyn personol na hyd yn oed wrthwynebydd gwleidyddol, oedd mewn golwg gan Iesu wrth ddyfynnu'r geiriau, "Câr dy gymydog a chasâ dy elyn" (adn. 43), ond yn hytrach erlidwyr teulu'r ffydd. Aelod o'r teulu hwnnw a fyddai'r 'cymydog' felly, a'r hyn a wna Mathew yw gosod yng ngenau Iesu eiriau oedd yn adlewyrchu sefyllfa'r Eglwys Fore a brofodd erledigaeth. Mae Luc hefyd yn cofnodi'r un hanes am Iesu'n cyflwyno'r ddysgeidiaeth a geir yma (Lc. 6:27–36), ac awgrymwyd mai dyma'r adroddiad sydd agosaf at y gwreiddiol, gan mai anogaeth gyffredinol a geir ynddo, heb unrhyw arlliw o gyfeiriad at erledigaeth. Mae acenion Iesu i'w clywed yn eglur, meddir, yn yr anogaeth gyffredinol i'r disgyblion roi cariad ar waith gan adlewyrchu cariad Duw ei hun yn eu hymwneud ag eraill.

Nid mater o deimlad neu emosiwn yn unig yw cariad yn y Beibl: mae'n golygu gweithredu er lles eraill. Ac y mae Luc, er enghraifft, yn pwysleisio hynny trwy ddweud y dylai'r credinwyr wneud daioni i'r rhai oedd yn eu casáu, a gweddïo dros y rhai oedd yn eu cam-drin (Luc 6:28). Dyna mewn gwirionedd oedd ewyllys Duw, a gelwid y credinwyr i fod yn gwbl ufudd i'w ewyllys ef.

Yn nameg y Samariad Trugarog (Luc 10:30–37), mae Iesu'n ateb y cwestiwn, 'Pwy yw fy nghymydog?' Deuir i'r casgliad nad aelod o'r un gymuned, nac un sy'n arddel yr un ffydd, na ffrind na pherthynas yw'r cymydog ond pwy bynnag y cawn y cyfle i wneud daioni iddo. Wrth i ni adlewyrchu agwedd y Duw sy'n "peri i'w haul godi ar y drwg a'r da, ac yn rhoi glaw i'r cyfiawn a'r anghyfiawn" y byddwn yn blant i'r Tad nefol, meddai Iesu (Mth. 5:45). Nid yw Duw'n gweithredu yn ôl gwerth neu haeddiant, ond yn ôl ei gariad anhraethol nad yw'n cydnabod unrhyw derfynau.

Pe bai'r credinwyr ond yn caru'r rhai oedd yn eu caru hwy, ni fyddent yn gwneud mwy hyd yn oed na'r casglwyr trethi, ac ystyrid y rheiny'n wrthun ar sail eu hymlyniad wrth y Rhufeiniaid a'u natur grafangllyd. Yr un modd, gellid disgwyl i rai nad oeddent yn Iddewon gyfarch eu cydnabod, ond yr oedd dilynwyr Iesu i fod yn berffaith "fel y mae eich Tad nefol yn berffaith" (5:48).

Go brin, fodd bynnag, y gellid disgwyl i neb dynol fod yn berffaith ei gymeriad na'i foeseg, ac ystyr yr ymadrodd hwn, mae'n debyg, yw y dylai dilynwyr Iesu Grist fod ag ymlyniad llwyr wrth ffyrdd Duw, yn gwbl ufudd i'r gorchymyn i garu ffrind a gelyn yn ddiwahaniaeth.

Pwysleisio'r agwedd gywir a wna Mathew; y mae Luc yn y cyswllt hwn yn sôn am 'drugaredd' (Luc 6:36), a cheir awgrym diddorol ynglŷn â hynny. Pan ddarllenid y Gyfraith yn y synagog, meddir, byddai aralleiriad llafar ohoni'n cael ei gyflwyno hefyd mewn Aramaeg, sef iaith y werin. Ceir adran o'r Gyfraith sy'n annog ymdriniaeth garedig o anifeiliaid (Lef. 22:26-28), a chaed aralleiriad ohoni a orffennai â'r anogaeth i fod yn drugarog fel y mae Duw'n drugarog. O glywed geiriau Iesu'n annog ei ddisgyblion i fod yn berffaith, fe wnaeth rhywun gyfnewid y fath ymadrodd am un oedd yn ymddangos, o leiaf, yn fwy cyraeddadwy.

Cymhwyso

Gwelsom eisoes fel yr anogai Iesu ei ddilynwyr i ragori ar ofynion y Gyfraith. Ymddengys yma fod yr anogaeth honno'n cael ei gwthio i'r eithaf. Y cymhelliad dros y fath agwedd fydd cariad Duw ei hun, ac ni allwn lai na chofio mai yng ngoleuni gweinidogaeth gyflawn Iesu y darllenwn ni'r geiriau hyn. Gweinidogaeth a arweiniodd at groes ac atgyfodiad oedd honno, a chofiwn eiriau'r Apostol Paul:

"Go brin y bydd neb yn marw dros un cyfiawn. Efallai y ceir rhywun yn ddigon dewr i farw dros un da. Ond prawf Duw o'r cariad sydd ganddo tuag atom ni yw bod Crist wedi marw drosom pan oeddem yn dal yn bechaduriaid" (Rhuf. 5:7–8).

Heddiw, mewn cyfnod o drai yn hanes crefydd sefydliadol yn ein gwlad, mae amryw o Gristnogion yn holi beth fydd yn argyhoeddi pobl o werth y Ffydd. Mae'n ymddangos nad yw'r gwirioneddau mawr am ras a thrugaredd Duw yn cydio yn nychymyg ac yng nghalonnau'r tyrfaoedd fel ag o'r blaen, ac awgrymwyd fod rhaid i genhadaeth yr Eglwys yn y lle cyntaf fod yn genhadaeth drwy weithredoedd.

Wrth i ni adlewyrchu cariad diamod Duw yn ein bywydau ni, fe fydd rhywrai'n rhoi clust i'r Ffydd ac yn holi am Iesu. Diau na ellir anwybyddu gwaith dirgel yr Ysbryd Glân yn argyhoeddi'r credinwyr, ond dylid cofio hefyd dystiolaeth grafog Tertulianus (c.160–c.225), tad diwinyddiaeth Ladin: "Ac y mae'r rhai a anfonwyd i fwyngloddiau neu ynysoedd neu garcharau, os ydynt yno dros grefydd Duw, yn dod yn bensiynwyr y Ffydd. Ond y mae hyd yn oed gweithredu'r math yma o gariad, yn fwy na dim arall, yn esgus i rai ein beio. 'Edrychwch', meddant, 'fel y mae'r rhain yn caru ei gilydd!' Oherwydd y maent hwy [y beirniaid] yn casáu ei gilydd."

Trafod

Mae ein diwylliant poblogaidd cyfoes wedi gwneud cariad yn beth rhad.

Sut mae adfer y pwyslais ar gariad sy'n costio?

Sut mae pontio'r bwlch sydd wedi datblygu rhwng yr Eglwys a'r gymdeithas ehangach?

Ceisiwch restru enghreifftiau o sefyllfaoedd cyfoes lle gwelir pobl yn rhoi cariad ar waith yn enw Iesu Grist.

Trafodwch eiriau Tertulianus.

Gwers 37
Dywediadau Iesu

"... i'r rheini sydd oddi allan y mae popeth ar ddamhegion" (Mc. 4:11).

Fel y gwelsom, mae dysgu, addysgu, cynghori a rhoi arweiniad yn rhan ganolog o feddylfryd Llyfr y Diarhebion. Ond yma yn Efengyl Marc gwelwn ddamhegion sydd i bob golwg yn awgrymu eu bod wedi eu bwriadu i dywyllu cyngor, neu o leiaf i atal rhai rhag deall dysgeidiaeth Iesu.

Y cefndir yn yr Hen Destament yw'r hyn a ddywed Duw wrth y proffwyd Eseia ar achlysur ei alwad;
"Dos, dywed wrth y bobl hyn,
'Clywch yn wir, ond peidiwch â deall;
edrychwch yn wir, ond peidiwch â dirnad.'
Brasâ galon y bobl,
trymha eu clustiau,
cau eu llygaid;
rhag iddynt weld â'u llygaid,
clywed â'u clustiau,
deall â'u calon,
a dychwelyd i'w hiachau." (Es. 6:9–10)

Bu esbonwyr wrthi'n ddyfal yn ceisio dirnad ystyr geiriau Iesu yma. Awgrymwyd mai'r ystyr yw i Iesu ddefnyddio damhegion am fod y bobl mor ddiddeall, ac mai ymgais i'w cael i ddirnad rhywbeth o'i genadwri oedd ei ddefnydd mynych ohonynt. Dyna, meddid, yr ystyr a rydd Mathew i'r geiriau:

"Am hynny yr wyf yn siarad wrthynt ar ddamhegion; oherwydd er iddynt edrych nid ydynt yn gweld, ac er iddynt wrando nid ydynt yn clywed nac yn deall" (Mth. 13:13).

Eto i gyd, o edrych yn ofalus ar yr hyn a ddywed Mathew, gwelwn ei fod yntau hefyd yn dyfynnu'r geiriau o Lyfr Eseia; a chyn cyfeirio at y defnydd o ddamhegion, dywed Iesu:

"Oherwydd i'r sawl y mae ganddo y rhoir, a bydd ganddo fwy na digon; ond oddi ar y sawl nad oes ganddo y dygir hyd yn oed hynny sydd ganddo (13:12).

Awgrymwyd, felly, fod yr ystyr a rydd Marc i'r geiriau yn berthnasol hefyd i Mathew, sef bod Iesu'n defnyddio damhegion i atal rhai rhag deall ei neges:

"... ond i'r rheini sydd oddi allan y mae popeth ar ddamhegion, fel
'er edrych ac edrych, na welant,
ac er clywed a chlywed, na ddeallant,
rhag iddynt droi'n ôl a derbyn maddeuant' (Mc. 4:12).

Ar yr olwg gyntaf mae hyn yn ymddangos yn gwbl groes i holl natur gweinidogaeth Iesu a'i arfer o gyflwyno'r newyddion da am Deyrnas Dduw i'r werin, yn arbennig i'r tlodion a'r gwrthodedig. Awgrymwyd, felly, mai mynegi profiad Iesu a wnaeth yr efengylwyr, dweud beth a ddigwyddodd. Ond am fod yr Hebraeg yn mynegi canlyniad fel pe bai'n ddiben, cafwyd yr argraff mai bwriad Iesu oedd tywyllu cyngor.

Awgrym arall yw mai sylwadau Iesu am ran o'i weinidogaeth oedd y geiriau hyn yn wreiddiol. Wedi cyfnodau llai ffrwythlon (cymh. Mth. 11:20–24 a Lc. 10:13–15) roedd Iesu'n diolch fod rhai o leiaf wedi deall ei neges: "Ar wahân i lond dwrn o ddisgyblion ni ddeallodd neb fy neges a'm dysgeidiaeth, ond beth arall ellid ei ddisgwyl o gofio'r hyn a brofodd ac a ragfynegodd y proffwydi?"

Rhaid cofio, fodd bynnag, y caed yn yr Eglwys Fore'r argyhoeddiad sicr fod pobl yn ymateb i Grist yn unol ag ewyllys Duw, oedd wedi ewyllysio i rai gredu ac i eraill wrthod yr Efengyl. Ni chaed gwahaniaethu haearnaidd yn hyn o beth rhwng yr hyn a *ewyllysiai* Duw a'r hyn a *ganiatâi* Duw iddo ddigwydd. Ond cymerwyd bod y naill beth a'r llall mor *angenrheidiol* â'i gilydd. Eto i gyd, nid oedd hyn yn mennu dim ar gyfrifoldeb yr unigolyn na'i ryddid i ddewis. Er i ddallineb a gwrthryfel Israel gael ei ragfynegi ganrifoedd cyn hynny, a bod hynny'n ymddangos i'r Eglwys Fore'n gwbl angenrheidiol i gyflawni'r cynllun dwyfol, nid oedd hynny, meddid, yn lleihau dim ar gyfrifoldeb y genedl.

Yn ôl y ddealltwriaeth hon, ceir tyndra rhwng cyfrifoldeb a dewis ar y naill law a'r ewyllys dwyfol ar y llall.

Felly, o gymryd yr argyhoeddiad hwn o eiddo'r Eglwys Fore o ddifrif, mae'n ymddangos nad er mwyn hwyluso dealltwriaeth y defnyddiodd Iesu'r damhegion, ond i gadarnhau dewis oedd *eisoes* wedi ei wneud. '*I chwi*', meddai Iesu wrth y criw bach oedd o'i gwmpas, '*y mae cyfrinach teyrnas Dduw wedi ei rhoi*' (Mc. 4:11). Onid oedd ganddynt, yn ôl dealltwriaeth yr Eglwys Fore, hawl i wybod y gwirionedd am y Deyrnas a ddaeth ym mherson a gwaith a geiriau Iesu?

Cymhwyso

Mae'n werth sylwi fod yr adran yr edrychwn arni yma'n dilyn 'Dameg yr Heuwr' a'i neges ganolog mai trwy ymdrech a cholled y daw'r Deyrnas. Mae'r llwyddiant terfynol yn sicr, ond go brin fod neb wedi rhagdybio y profir cymaint o rwystredigaeth ac o wastraff cyn y gwelir y cynhaeaf gogoneddus a fydd yn dilyn gwaith afrad yr heuwr. Diau fod y fath sefyllfa wedi peri dryswch i'r Cristnogion cyntaf, a diau fod yr un dryswch yn bodoli o hyd ym mhlith credinwyr.

Pam na ddwg Duw ei Deyrnas i fodolaeth? Pam y disgwyl? Pam fod rhaid wrth lafur? Pam yr ymdrech? Rhan o'r ateb, o bosibl, oedd pwyslais yr Eglwys Fore ar yr ewyllys dwyfol; bod rhaid i bopeth ddigwydd yn ôl y drefn a ragordeiniwyd.

Beth bynnag yw ein hymateb i hynny, rhaid cofio mai ceisio ateb cwestiynau go iawn o ganol bywyd fel ag yr oedd a wnai'r Cristnogion cyntaf. Ac os oedd y ffaith eu bod yn credu ond yn cadarnhau eu hargyhoeddiad mai trwy ras, ac nid unrhyw haeddiant, y cawsant y fraint o wneud hynny, onid rhesymol credu'r un modd mai ewyllys Duw hefyd oedd yr esboniad am rai yn gwrthod efengyl Crist?

Heddiw, fe all y fath ymagweddu ymddangos yn amrwd, ond cyn taflu'r fath feddylfryd dros gof, mae'n bwysig sylweddoli ei bod yn tarddu o ryfeddod mawr teulu'r ffydd, a'r ymdrech i roi cyfrif am gred ac anghrediniaeth ar gefndir y ddealltwriaeth honno o'r Duw sy'n sicr o ddwyn ei waith i ben.

Trafod

Yn eich tŷ chi, pam wnaeth Iesu ddysgu cymaint ar ddamhegion?

Pa un yw eich hoff ddameg, a pham?

Oes gennych chi gydymdeimlad â'r argyhoeddiad fod Duw wedi ewyllysio fod rhai yn credu ac eraill yn gwrthod yr Efengyl?

Onid yw'r rhybudd y bydd methiant yn gymysg â llwyddiant yn werth ei ail–adrodd yn gyson?

Gwers 38
Dywediadau Iesu

"Y mae'n haws i gamel fynd trwy grau nodwydd nag i rywun cyfoethog fynd i mewn i deyrnas Dduw" (Mc.10:25).

Rhoddai Llyfr y Diarhebion fri mawr ar gyfoeth, ac ystyrid cyfoeth yn un o ganlyniadau bywyd doeth a da. Yma yn yr efengylau, deuwn ar draws gŵr a fu'n byw'r bywyd gorau; cadwodd yr holl orchmynion o'i ieuenctid, ac ni allai neb godi bys ato i'w gyhuddo o unrhyw gamwri. Ceir hanes cyfarfyddiad Iesu ag ef gan Mathew, Marc a Luc, ac er bod mân wahaniaethau rhwng y tri adroddiad, yr un yw'r ergyd: "Y mae'n haws i gamel fynd trwy grau nodwydd nag i rywun cyfoethog fynd i mewn i deyrnas Dduw" (Mc. 10:25; cymh. Mth 19:24; Lc. 18:25).

Mae'n werth sylwi fod cymhelliad y gŵr hwn (dyn ifanc, yn ôl Mathew, a llywodraethwr ifanc, yn ôl Luc) yn gwbl deilwng. Roedd am "etifeddu bywyd tragwyddol" (Mc 10:17), sef "mynd i mewn i deyrnas Dduw" neu "gael ei achub", oherwydd yr un yw ystyr y tri ymadrodd yn yr hanes hwn. Ond pan bwysodd Iesu arno i ddangos ei ymlyniad wrtho trwy werthu'r cwbl a oedd ganddo a rhoi'r elw i'r tlodion (er mwyn sicrhau trysor yn y nef), a'i ganlyn ef, digalonnodd yn ddirfawr a throi ymaith yn drist, oherwydd "yr oedd yn berchen meddiannau lawer" (Mc. 10:22).

Wedi iddo ymadael, mae Iesu'n troi at ei ddisgyblion gyda'r rhybudd:
"Mor anodd fydd hi i rai cyfoethog fynd i mewn i deyrnas Dduw!"

Ac yn dilyn ail adrodd y rhybudd hwnnw y ceir y geiriau:
"Y mae'n haws i gamel fynd trwy grau nodwydd nag i rywun cyfoethog fynd i mewn i deyrnas Dduw."

Y mae'r anogaeth i roi cyfoeth heibio yn nodwedd gyson o ddysgeidiaeth Iesu (cymh. Lc.12:33–34), ac eto gwyddom fod ganddo rai cefnogwyr digon cefnog, megis y gwragedd hynny, a fu yn ôl Luc, yn gweini ar Iesu a'i ddisgyblion o'u hadnoddau eu hunain (gwe. Lc. 8:3). Ni wnaeth Iesu annog Sacheus, chwaith, i roi dim i'r tlodion; yn wir, wedi iddo benderfynu cyfrannu hanner ei eiddo i'r tlodion nid yw

Iesu'n dweud wrtho am gael gwared â'r gweddill hefyd (gwe. Luc 19:1–10). Parodd hyn i rai dybio fod Iesu'n annog rhai o'i ddilynwyr i ymlynu'n llwyrach ac i aberthu mwy nag ar eraill. Ond go brin y gellir casglu ei fod yn argymell dwy safon o ymlyniad wrtho'i hun, un gyffredin ar gyfer y mwyafrif ac un arbennig ar gyfer eneidiau dethol. Na, mae'n debyg mai tanlinellu'r angen i bawb gael eu blaenoriaethau'n iawn a wna Iesu. Ond yr un pryd, rhaid sylweddoli nad yw'n hawdd i rywun flaenoriaethu'n iawn tra bo cyfoeth yn ei lygad dynnu.

Ymgais i danlinellu'r pwyslais mai rhoi bryd ar gyfoeth yw'r drwg yw'r darlleniad amgen a nodir yn Efengyl Marc yn y BCN Diwygiedig: "Blant, mor anodd *yw i'r rhai sy'n ymddiried mewn golud* fynd i mewn i deyrnas Dduw' (Mc. 10:24). Diau fod y darlleniad hwn hefyd yn fodd o ddwyn peth cysur i bawb sy'n dda ei fyd. Mae'n pwysleisio mai'r cam gwag yw nid meddiannu cyfoeth ond ymddiried neu ddibynnu arno. Yn anffodus, fodd bynnag, dyna'r duedd naturiol, fel y dangosodd Iesu yn nameg yr ynfytyn cyfoethog (Luc 12:13–21), ac y mae'r ddelwedd o'r camel a chrau'r nodwydd yn siwr o fod yn rhybudd cyson i bawb yn hynny o beth .

Arwydd o ba mor anghyfforddus y gwna hynny inni deimlo yw'r modd y ceisiwyd lliniaru peth ar erwinder y dywediad hwn gan sawl cenhedlaeth o esbonwyr. Awgrymwyd mai camgymeriad rhwng dau air a barodd y cyfeiriad at gamel, gan fod y gair Groeg am gamel (*kamçlos*) yn debyg iawn i'r gair Groeg am raff (*kamilos*). Ymhlith y rabiniaid, fodd bynnag, caed enghreifftiau o bwysleisio pa mor anodd fyddo tasg trwy ei chymharu â chael anifail mawr (megis eliffant) drwy grau nodwydd! Dichon fod sôn am nodwydd a rhaff yn llai tramgwyddus i glustiau'r da eu byd na'r cyfeiriad at gamel, ond yr un yw'r ergyd yn y diwedd.

Maentumiwyd hefyd gan rai o feddylwyr yr Oesoedd Canol mai 'crau nodwydd' y gelwid drws cul wrth borth dinas yng nghyfnod Iesu. Pe deuai teithiwr at y porth wedi iddi nosi a bod y drysau mawr wedi cau, gallai ymwthio i mewn i glydwch y ddinas drwy ddrws bach yn y mur, ond byddai'n rhaid i'w anifail aros y tu allan hyd y bore. Er mor ddeniadol y darlun, dywed ysgolheigion nad oes unrhyw dystiolaeth mai 'crau nodwydd' y gelwid drws felly yng nghyfnod Iesu, ac unwaith eto awgrymwyd mai'r ysfa i liniaru rhybudd y Testament Newydd fod cyfoeth yn llesteirio ymroddiad i Dduw sydd y tu ôl i'r esboniad hwn hefyd.

Cymhwyso

Y mae rhychwant agwedd y Beibl at gyfoeth yn siwr o greu dryswch ym meddwl rhai credinwyr. O ddarllen yr Hen Destament, mae'n ymddangos fod cyfoeth materol yn arwydd o fendith Duw, ond yn y Testament Newydd caiff peryglon cyfoeth eu tanlinellu. Gellir tybio hefyd y byddai'r wlad mewn argyfwng am sawl rheswm ymarferol pe bai'r cyfoethogion i gyd yn dilyn cyngor Iesu yma i werthu eu heiddo a rhoi'r elw i'r tlodion! Eto i gyd, y mae'r awgrym y dylai'r gŵr cyfoethog hwn wneud hynny'n siwr o roi proc i gydwybod holl Gristnogion y Gorllewin. Er gwaethaf pob argyfwng economaidd a dirwasgiad, pobl gefnog ydym o hyd o'n cymharu ag amryw o bobl gwledydd tlawd y byd. Cwestiwn arall, fodd bynnag, yw a ydym yn fwy hapus nag amryw o bobl sy'n byw ar lawer llai na ni. Fel y dywedodd llawer un, nid yw'r cyswllt rhwng adnoddau, cyfoeth, grym a hapusrwydd yn un y gellir ei gymryd yn ganiataol.

Un o ganlyniadau anochel canfod ein cyflwr economaidd breintiedig ddylai fod ystyriaeth ddwysach o sut y defnyddiwn ein hadnoddau, faint o'n hincwm a gyfrannwn i achosion da, a hyd yn oed beth yw maint ein cefnogaeth ariannol i waith yr Eglwys.

Yn olaf, mae'n werth ystyried geiriau'r Apostol Paul wrth Gristnogion Philipi er mwyn canfod craidd neges Iesu yma:

"... oherwydd yr wyf fi wedi dysgu bod yn fodlon, beth bynnag fy amgylchiadau. Gwn sut i gymryd fy narostwng, a gwn hefyd sut i fod uwchben fy nigon. Ym mhob rhyw amgylchiadau, yr wyf wedi dysgu'r gyfrinach sut i ddygymod, boed â llawnder neu newyn, â helaethrwydd neu brinder. Y mae gennyf gryfder at bob gofyn trwy yr hwn sydd yn fy nerthu i" (Phil. 4:11–13).

Cofier, fodd bynnag, y dichon y geiriau hyn swnio'n wahanol iawn i glustiau rhai sydd heb ddim!

Trafod

I ba raddau y mae'r hanes hwn yn pigo eich cydwybod?

Sut mae annog a hybu haelioni?

Trafodwch emyn Eben Fardd (Rhif 739 yn *Caneuon Ffydd*)

A oes gan yr Efengyl her i ni heddiw sy'n cymharu â her Iesu i'r gŵr cyfoethog yn yr hanes hwn?

Gwers 39
Dywediadau Iesu

"Talwch bethau Cesar i Gesar, a phethau Duw i Dduw" (Mc. 12:17).

Ymateb Iesu i ymgais y Phariseaid a'r Herodianiaid i'w rwydo yw'r geiriau hyn. Ni chawn ddim manylion am y lle y digwyddodd hyn ynddo na phwy oedd yr holwr, ac mae'n ymddangos mai diben yr hanes, fel y caiff ei gofnodi gan Marc, yw arwain at yr haeriad hwn, "Talwch bethau Cesar i Gesar, a phethau Duw i Dduw".

Afraid dweud fod cwestiwn talu treth yn gallu bod yn un llosg am amryw o resymau. Ond ym Mhalestina cyfnod Iesu yr oedd yn un hynod o gymhleth. Telid rhai trethi mewn arian lleol i'r awdurdodau Iddewig, ond yn Jwdea ceid 'treth y pen', yn hytrach na threth ar eiddo neu fasnach, a rhaid oedd talu honno mewn arian Rhufeinig i'r llywodraethwr Rhufeinig.

Cefndir hynny oedd i Jwdea gael ei gwneud yn rhanbarth Rhufeinig o achos y gwrthwynebiad mawr a fu yno i lywodraeth Archelaus, mab Herod Fawr (cymh. Mth. 2:22). Llywodraethodd Archelaus y rhanbarth mewn modd mor ormesol am naw mlynedd wedi marw ei dad yn 4 CC fel y bu'n rhaid i'r awdurdodau Rhufeinig ei symud a gosod llywodraethwr yn ei le. Tra'r oedd Archelaus ar yr orsedd gellid talu'r dreth mewn arian Iddewig. A chan mai Iddew oedd ef, nid oedd yr Iddewon yn gwrthwynebu'r egwyddor o wneud hynny, er nad oeddent yn hoff o Archelaus. Ond pan ddisodlwyd ef, ac y cynhaliwyd cyfrifiad i benderfynu maint y dreth, cafwyd gwrthwynebiad ffyrnig. Er i'r gwrthryfel hwnnw gael ei ddarostwng yn ddiseremoni gan y Rhufeiniaid, dywed Josephus, yr hanesydd Iddewig, iddo esgor ar genedlaetholdeb eithafol y Selotiaid a gredai mai Duw yn unig oedd eu llywodraethwr a'u brenin.

O gofio hynny, mae'n amlwg mai bwriad yr Herodianiaid a'r Phariseaid oedd dal Iesu, a gwyddai yntau pa mor beryglus oedd y sefyllfa y ceisient ei wthio iddi. Ar y naill law, doedd wiw iddo awgrymu na ddylid talu treth i Rufain; byddai'r fath honiad yn siwr o ddwyn cyhuddiad o deyrnfradwriaeth yn ei erbyn a chosb ddisymwth o du'r awdurdodau Rhufeinig. Ar y llaw arall, byddai cymeradwyo talu'r dreth yn sicr o droi cyfran sylweddol o'i ddilynwyr yn Jwdea yn ei erbyn.

Ac nid yn unig bod Iesu'n ymwybodol o'r dewis amhosibl a roddwyd iddo, gwyddai hefyd fod y rhai a safai o'i flaen yn personoli'r dewis hwnnw. Cenedlaetholwyr, gellid tybio, oedd yr Herodianiaid; ond ar gadw'r heddwch â'r Rhufeiniaid yr oedd bryd y Phariseaid. Ers dyddiau'r proffwydi, nid oedd yr Iddewon wedi gweld unrhyw anhawster i dalu treth i'r grymoedd estron a fu'n gwastrodi'r genedl yn eu tro. Onid oedd presenoldeb gelynion yn eu tir wedi dangos yn eglur mai ewyllys Duw oedd iddynt ddioddef? Ac yn unol â hynny, yr oeddent hwythau wedi talu'r dreth i'r gelyn. Ond bellach, yn dilyn syniadau a daenwyd ar led gan wrthryfel Judas y Galilead ac eraill (gwe. Act. 5:37), corddwyd teimladau'r cenedlaetholwyr a datblygodd berw yn erbyn ymyrraeth grymoedd estron yng Ngwlad yr Addewid.

Wrth alw am gael gweld 'denarius', sef darn arian ag arno arysgrif a delwedd yr ymerawdwr Tiberius a fu ar orsedd yr Ymerodraeth rhwng 14 CC a 37 CC, roedd Iesu'n gofyn am un o'r darnau arian a ddefnyddid i dalu'r dreth i Rufain. Nid oedd yr arian copr llai ei werth, a gai ei fathu'n lleol i'w ddefnyddio ym Mhalestina, yn dwyn delwedd o unrhyw greadur byw, a hynny o barch i'r Gyfraith (gwe. Ex. 20:4), ond yr oedd 'llun ac arysgrif' yr ymerawdwr ar y darn arian.

Y mae ymresymiad Iesu ynglŷn â thalu pethau Cesar i Gesar a phethau Duw i Dduw yn cysylltu â'r hen syniad mai eiddo personol y llywodraethwr oedd yr arian y dangoswyd ei lun arno, a bod awdurdod y llywodraethwr yn ymestyn i ble bynnag y defnyddid ei arian. Gan mai arian Cesar a ddefnyddiai ei gyd-Iddewon, nid oedd yn afresymol gofyn iddynt ei roi'n ôl i Gesar, meddai Iesu. Ac y mae i'w orchymyn i dalu pethau Cesar i Gesar arlliw o'r syniad o ad-dalu dyled. Efallai ei fod yn awgrymu fod defnyddio arian Rhufeinig ynddo'i hun yn gydnabyddiaeth o hawl y Rhufeiniaid i'r dreth. Byddai'r Phariseaid yn sicr o gydio yn yr un awgrym na ddylai pobl a oedd mor driw i'r Gyfraith ddefnyddio arian Rufain, ac mai'r peth gorau o ddigon oedd ei roi yn ôl i Gesar!

Wrth wahaniaethu rhwng hawliau Cesar a hawliau Duw mae Iesu nid yn unig yn pwysleisio nad oeddynt o reidrwydd yn anghydnaws â'i gilydd, ond yn dangos hefyd pa mor anhraethol bwysicach oedd hawl Duw nag unrhyw hawliau dynol.

Gwelodd rhai esbonwyr ddisgwyliad yr Eglwys Fore y byddai ymerodraeth Rhufain wedi ei hysgubo ymaith yn fuan gan ailddyfodiad Crist yn berthnasol iawn fel cefndir i'r hanes yma. Ymateb ar y pryd i gwestiwn arbennig dan amgylchiadau neilltuol a gafwyd gan Iesu, meddent, ac ni ddylid cymryd ei eiriau fel canllaw di-syfl i'w gymhwyso dan bob amgylchiad. Pan giliodd y disgwyliad i Grist ddychwelyd yn fuan, bu'n rhaid meddwl ymhellach am berthynas eglwys a gwladwriaeth (cymh. Rhuf. 13:1-7).

Cymhwyso
Cododd cwestiwn perthynas yr Eglwys â gwladwriaeth mewn sawl ffordd dros y canrifoedd, ond cydnabyddir yn gyffredinol mai dyletswydd y dinesydd yw ufuddhau i lywodraeth gyfiawn a chyfreithlon. Nid oes dim yn hynny, meddir, sy'n tanseilio ymlyniad pobl wrth y Ffydd.

Eto i gyd, pan fo hawliau llywodraeth yn tanseilio'r Ffydd rhaid i'r credadun eu gwrthwynebu. Gwelwyd Cristnogion dewr yn gwneud hynny mewn sawl cyfnod, ac mewn sawl rhan o'r byd, megis yn Ne Affrica yng nghyfnod apartheid pan gerddodd yr eglwys lwybr dioddefaint ac aberth er mwyn gwrthwynebu gwleidyddiaeth ddieflig a fynnai olrhain ei thras hyd yn oed i'r Ysgrythur.

Ond hawliau Duw sy'n dod gyntaf, meddai'r Beibl, ac o sicrhau hynny diau y bydd pob hawl arall yn dilyn yn ei phriod drefn.

Trafod
A yw hawliau llywodraeth yn gwrthdaro â hawliau Duw heddiw? Rhowch enghreifftiau.

"Y mae'n rhaid i bob un ymostwng i'r awdurdodau sy'n ben." (Rhuf. 13:1) Ydych chi'n cytuno?

Sut mae osgoi cael ein rhwydo mewn trafodaethau di-fudd â phobl sydd am danseilio'r Ffydd?

Rhowch enghreifftiau cyfoes o rai sy'n dioddef dros eu ffydd dan law llywodraethau anghyfiawn.

Gwers 40
Dywediadau Iesu

"Rhaid i'r mwyaf ohonoch fod yn was i chwi" (Mth. 23:11).

Y mae'r rhybudd hwn gan Iesu'n ein hatgoffa am bwyslais a welsom eisoes yn Llyfr y Diarhebion, oherwydd tynnu sylw at bwysigrwydd rhoi gwasanaeth a wna Iesu yma. Yn yr ystyr hwnnw y dylid deall ei eiriau, ac nid fel anogaeth i ymagweddu'n wasaidd a synio'n negyddol amdanom ein hunain.

Cefndir y rhybudd yw'r gwrthdaro rhwng Iesu a'r awdurdodau Iddewig, yn dilyn ei ymdaith fuddugoliaethus i Jerwsalem ar Sul y Blodau (gwe. Mth. 21 ymlaen). Awgrymwyd gan esbonwyr fod yr hanes yn Efengyl Mathew yn deillio o sefyllfa lle bu eglwys leol yn ceisio cadw'n driw i'r Gyfraith Iddewig yn ogystal ag i'r Ffydd newydd. Mae Iesu'n cydnabod fod i ddysgeidiaeth yr ysgrifenyddion a'r Phariseaid rym, a'u bod, yn hynny o beth, "yn eistedd yng nghadair Moses" (Mth. 23:2). Y tu allan i'r synagogau, caed eisteddfa garreg ar gyfer y rhai a fyddai'n dysgu'r bobl, ac y mae angen cofio hynny, yn ogystal â gweld ystyr drosiadol y geiriau hyn.

Fodd bynnag, gwendid mawr yr ysgrifenyddion a'r Phariseaid oedd eu bod yn dehongli'r Gyfraith er eu lles eu hunain, ac wrth wneud hynny'n gosod beichiau trymion ar y bobl gyffredin. Mae'r hanes yn adlewyrchu'r tensiwn yr oedd hynny'n ei greu'n ymarferol, a gwyddom fod tuedd o fewn yr Eglwys Fore i uniaethu'r sôn am Iddewiaeth â rhagrith. Cofier hefyd i Iesu ei hun gael y gwrthwynebiad mwyaf i'w ddysgeidiaeth o du arweinwyr ysbrydol ei genedl, a diau fod eu gwendidau, o'r herwydd, yn rhy amlwg yn ei olwg.

Y mae'r feirniadaeth o bobl sy'n tynnu sylw atynt eu hunain yn bwyslais cyson yn yr efengylau (cymh. Mth. 6:5-6), a dywedir yma fod gwisg ac ymddangosiad yr ysgrifenyddion a'r Phariseaid wedi eu bwriadu i wneud hynny. Y *ffylacterau* (Mth. 23:5) oedd y blychau bach o ledr neu femrwn oedd yn cadw adnodau o'r Gyfraith ac yn cael eu rhwymo wrth y talcen a'r fraich chwith (gwe. Ex. 13:9, 16; Deut. 6:8; 11:18), ac y mae'r cyfeiriad at ymylon llaes eu gwisgoedd yn adlewyrchu'r gorchymyn i ddynion blethu neu osod taselau ar gonglau eu gwisg uchaf (gwe. Num. 15:38-39; cymh. Mth. 9:20, 14:36). Nid oedd dim yn well gan yr ysgrifenyddion a'r Phariseaid, meddai Iesu, na sylw; ac awgryma eu bod yn mynnu'r lle blaenaf mewn gwledd a synagog, ac yn gwirioni ar gael eu cyfarch fel 'Rabbi'.

Term disgybl am ei athro oedd 'Rabbi', a dynodai gwrteisi a pharch at athrawon o fri a statws arbennig. Nid oedd disgyblion Iesu, fodd bynnag, i'w galw â'r fath deitl, "oherwydd un athro sydd gennych, a chymrodyr ydych chwi i gyd". Nid oeddynt chwaith i alw neb yn dad "oherwydd un tad sydd gennych chwi, sef eich Tad nefol" (Mth. 23: 8–9).

Ar adegau, cymerodd ambell adran o'r eglwys y fath anogaeth yn llythrennol, ond go brin mai hynny oedd gan Iesu mewn golwg mewn gwirionedd. Yn hytrach, mae'n ceisio pwysleisio mai Duw yn unig oedd i'w ystyried fel Tad yn yr ystyr ysbrydol, ac na ddylid rhoi'r parch sy'n deillio o hynny i neb arall. Fel Mab Duw yr oedd gan Iesu berthynas unigryw â'r Tad, a galwai ef yn 'Abba' (dadi, cymh. Mc 14:36). A thrwy weinidogaeth Iesu y gallai eraill hefyd ddod yn rhan o'r un berthynas. Byddai peidio arddel y term 'Abba' ar yr aelwyd ac yn y gymuned yn gyffredin yn ysbeilio'r gair o'i rinwedd pan ddefnyddid ef am Dduw.

Annog ei ddilynwyr i beidio â galw neb yn dad yn yr ystyr y galwent Dduw yn dad a wnai Iesu, felly, yn hytrach na gwahardd defnyddio'r term 'tad' am neb dynol! Yr oedd yn arfer, mae'n debyg, i gyfeirio at hen wŷr â'r term 'Abba', ond nid oes sôn y cyfeirid at y rabiniaid felly. Wrth annog ei ddilynwyr i gyfyngu'r termau 'Rabbi' ac 'Abba' i Dduw, ac ymatal rhag cael eu harddel fel 'arweinwyr' eu hunain, roedd Iesu'n dweud rhywbeth pwysig am yr agwedd y dylid ei harddel at Dduw. Ochr arall yr agwedd honno oedd gwasanaeth ei ddilynwyr i'w gilydd. Adlewyrchir y pwyslais ar Arglwyddiaeth unigryw'r Duw sy'n ennyn cariad yng nghalonnau ei bobl gan R. J. Derfel mewn emyn;

Tyred, Arglwydd Iôr, i lawr,
tyred yn dy gariad mawr;
tyred, una ni bob un
yn dy gariad di dy hun.

Yma, nid oes gennym ni
neb yn arglwydd ond tydi;
ac ni cheisiwn arall chwaith
oesoedd tragwyddoldeb maith. (*Caneuon Ffydd*, 206)

Cymhwyso

Mae'r drafodaeth hon ar briodoldeb arddel teitlau arbennig, a'r pwyslais ar wasanaeth, yn sicr o godi llu o gwestiynau yn ein meddwl heddiw. Er ein bod yn byw mewn oes lai ffurfiol ei hymagweddu nag o'r blaen, mae defnyddio teitl a dangos parch yn rhan annatod o'n natur fel crefyddwyr. Ond tybed a ddylem, yng ngoleuni'r hyn a ddywed Iesu yma, alw rhai yn 'Barchedig' ac eraill yn 'Dad' neu'n 'Fugail'?

Wrth ysgrifennu at y Corinthiaid dywed yr Apostol Paul: "Myfi a ddeuthum yn dad i chwi drwy'r Efengyl" (1 Cor 4:15). Arddel yr hyn a ddigwyddodd iddo, a natur ei berthynas â'r Corinthiaid a wna yma, a dyna hanfod ystyr y termau a ddefnyddiwn ni heddiw yn deitlau yn y cylch crefyddol: cyfeiriant at berthynas a swyddogaeth, er y dichon fod y defnydd ohonynt hefyd yn dangos parch a chwrteisi. Ond nid ydynt ar unrhyw gyfrif yn ymgais i dadogi ar bobl y parch nad yw ond yn briodol a dyledus i Dduw.

Sylwer hefyd fod i'r teitlau crefyddol cyffredin ragdybiaethau arbennig, ac y mae elfen gref o wasanaeth ynghlwm wrth y rhagdybiaethau hynny.

Trafod

Mae rhagor rhwng bod o wasanaeth a bod yn wasaidd. Eglurwch ragoriaeth y naill a pherygl y llall i'r Cristion.

A yw defnyddio teitlau yn y maes crefyddol yn dderbyniol?

Eilunaddoliaeth yw rhoi i bethau neu bobl y parch sy'n ddyledus i Dduw yn unig. A ydym yn euog o wneud hynny?

Eglurwch eich cymhellion dros wasanaethu yn yr Eglwys neu'r gymuned.

Gwers 41
Dywediadau Iesu

"Nid â'r genhedlaeth hon heibio hyd nes i'r holl bethau hyn ddigwydd. Y nef a'r ddaear, ânt heibio, ond fy ngeiriau i, nid ânt heibio ddim. Ond am y dydd hwnnw neu'r awr ni ŵyr neb, na'r angylion yn y nef, na'r Mab, neb ond y Tad" (Mc 13:30–32).

Mae'r geiriau hyn o eiddo Iesu i'w canfod mewn pennod o Efengyl Marc sy'n ymwneud â diwedd y byd, a phryd daw hynny. Y mae iddi flas apocalyptaidd, sef y math o lenyddiaeth a gâi ei nodweddu gan weledigaethau, a'r rheini'n aml yn dra rhyfeddol a lliwgar. Eto i gyd, er gwaethaf cymhlethdod a rhyfeddod y darlun a dynnid mewn llên apocalyptaidd, gallai'r darllenydd rywfodd ddirnad ynddo adlewyrchiad o'i sefyllfa gyfoes. Dweud rhywbeth cadarnhaol am y sefyllfa honno, ac annog a chalonogi'r darllenydd, oedd y nod yn ddieithriad. Gwneid hynny trwy ddangos fod y sefyllfa bresennol, er gwaethaf ei gwae a'i dychryn, dan reolaeth Duw.

Felly, nid ar ddamwain y gosodwyd y defnydd hwn yn Efengyl Marc yn union o flaen hanes dioddefaint Iesu. Er nad oes cyfeiriad yn y bennod hon at y Croeshoeliad, y sefyllfa wedi'r Groes yw testun y bennod, a dichon fod yr hyn y cyfeiria Iesu ato, sef dyfodiad gau broffwydi, rhyfel, daeargrynfâu, newyn, erledigaeth a gwrthdaro (gwe. adn. 6–8), eisoes yn ffaith ym mhrofiad ei ddarllenwyr erbyn i Marc gofnodi'r hanes, a hynny o bosibl yn fuan wedi cwymp y Deml yn 70 Cyfnod Cyffredin.

Cofier hefyd y modd echrydus y dioddefodd amryw o Gristnogion y Testament Newydd, megis yr Apostol Paul (cymh. 2 Cor. 11:24–27), a chofier mai'r arfer mewn llên apocalyptaidd oedd cyflwyno disgrifiadau o brofiadau hanesyddol fel pe baent yn broffwydoliaethau, a chysylltu hynny â'r darlun traddodiadol o derfysg cosmig, diwedd y byd, a'r *parousia*, sef dyfodiad Mab y Dyn a fyddai'n dwyn amser a threfn y bydysawd i'w derfyn. Gwarchae'r Rhufeiniaid ar Jerwsalem a arweiniodd at ddinistr y Deml yw'r cefndir i adnodau 14–23, meddid, er y rhoddir argraff yma o ddarogan yr hyn na ddigwyddodd eto.

Cychwyn y bennod gydag un o ddisgyblion Iesu'n tynnu sylw at wychder adeiladau'r Deml, ac mewn ymateb dywed ef, "Ni adewir yma faen ar faen; ni bydd yr un heb ei fwrw i lawr" (Mc. 13:2).

Yn ddiweddarach, wrth edrych dros Jerwsalem o Fynydd yr Olewydd yr holodd Pedr, Iago, Ioan ac Andreas: "Dywed wrthym pa bryd y bydd hyn, a beth fydd yr arwydd pan fydd hyn oll ar ddod i ben?"

Ac ateb Iesu oedd sôn am wewyr a gorthrwm a rhagfynegi dyfodiad Mab y Dyn. Ac wedi cyfeirio at y modd y bydd dail ar y ffigysbren yn darogan dyfodiad yr haf (adn. 28–29), meddai: "Yn wir, rwy'n dweud wrthych, nid â'r genhedlaeth hon heibio hyd nes i'r holl bethau hyn ddigwydd" (adn.30).

Diau fod Iesu'n rhannu disgwyliadau ei gydoeswyr am ddiwedd y byd, ond bu rhai esbonwyr yn anfodlon iawn â'r awgrym fod Iesu yma'n rhagfynegi diwedd y byd a'i ailddyfodiad o fewn cenhedlaeth, gan na ddigwyddodd hynny, meddent. Mynnodd y rhain yn hytrach mai cyfeirio roedd Iesu at ddinistr y Deml, a ddigwyddodd o fewn cenhedlaeth i ddiwedd ei weinidogaeth. Yr hyn sy'n berthnasol i'r haeriad am ddyfodiad Mab y Dyn, meddent, yw'r hyn a ddywed Iesu wedi'r honiad na fydd ei eiriau yn mynd heibio er i nef a daear ddarfod: "Ond am y dydd hwnnw neu'r awr ni ŵyr neb, na'r angylion yn y nef, na'r Mab, neb ond y Tad" (Mc.13:31).

Y tebyg yw bod y dywediad hwn yn un dilys, gan na fyddai'r Cristnogion cyntaf yn debyg o osod cyffes o anwybodaeth yng ngenau Iesu, heb iddo'n wir lefaru'r geiriau. Ond gan y credid fod y Deml yn cynrychioli presenoldeb Duw gyda'i bobl a bod y disgwyliad am y diwedd wedi ei gysylltu'n agos wrth gwymp Jerwsalem, efallai mai bwriad Marc yma, yn dilyn dinistr y Deml yn 70 CC, oedd tawelu disgwyliadau rhai o'i gyd Gristnogion am ddiwedd y byd. Ni ŵyr neb pryd y daw hynny, meddai Iesu, ond y mae'n rhaid i'r credinwyr fod ar eu gwyliadwriaeth bob amser.

Cymhwyso
Mae'r bennod hon yn Efengyl Marc yn pwysleisio pwysigrwydd cysuro, calonogi a chadarnhau credinwyr, yn enwedig mewn sefyllfaoedd

anodd. Y cysur a gynigir yw'r sylweddoliad fod y gwewyr a'r gorthrwm wedi ei ragfynegi, a bod y credinwyr gan hynny'n gallu bod yn ffyddiog fod yr holl sefyllfa dan reolaeth Duw, ac y bydd cyfiawnder yn fuddugoliaethus yn y diwedd. Nid rhywbeth a gynllwynwyd gan Iesu, fel yr honnodd ei wrthwynebwyr, oedd dinistr y Deml (cymh. Mc. 14:57–58; 15:29) ac nid digwyddiad diystyr ar lwyfan hanes mohono chwaith, ond rhan rywfodd o gynllun Duw. Mae'r fath agwedd yn ein hatgoffa o emyn Penrith:

> Ymddiried wnaf yn Nuw
>> er dued ydyw'r nos;
> daw ei addewid ef
>> fel golau seren dlos:
> mae nos a Duw yn llawer gwell
> na golau dydd a Duw ymhell.(*Caneuon Ffydd*, 77)

Y mae'r gallu i ddal ati yn wyneb gorthrymder, a dewrder dan erledigaeth, a dyfalbarhad er gwaethaf methiant, yn nodweddion sydd wedi peri rhyfeddod a diolchgarwch o fewn yr Eglwys erioed. Yn y Duw sy'n caru ac yn cynnal ac yn cysuro y mae gwraidd y nodweddion hyn sy'n ymddangos ym mywyd y credinwyr. Does dim rhyfedd i'r Eglwys yn gynnar yn ei hanes ddatgan gwirionedd geiriau Crist a geir yma gan Marc: "Y nef a'r ddaear, ânt heibio, ond fy ngeiriau i, nid ânt heibio ddim' (Mc. 13:31).

Ystyrier hefyd yr anogaeth sydd yma i'r credinwyr fod yn wyliadwrus ac yn effro. Cadarnheir y neges honno gan sawl dameg yn y Testament Newydd, megis dameg y wledd fawr (Lc. 14:15–24) a dameg y codau arian (Mth. 25:14–30), a throsglwyddir yr un genadwri i'n clyw ni, ond mewn cyd–destun gwahanol.

Anogaeth i fod yn effro i ofynion y cyfnod, yn hytrach nag arwyddion am ddiwedd y byd, a geir heddiw; anogaeth i fod yn berthnasol a pharod, yn fywiog a brwdfrydig, yn ymwybodol o beryglon rhai o dueddiadau'r oes a'r cyfleoedd y mae tueddiadau eraill yn eu hestyn i ni. Mewn gair, yr anogaeth o hyd yw bod yn ddigon effro a gwyliadwrus i adnabod Mab y Dyn pan ddaw, ac nid oes raid cysylltu diwedd y byd wrth yr anogaeth honno.

Trafod

Trafodwch yr hyn sy'n ein cysuro heddiw yn wyneb difrawder yn hytrach nag erledigaeth, a diffyg ymateb yn hytrach na gelyniaeth.

Trafodwch emyn Penrith (Rhif 77 yn *Caneuon Ffydd*).

Beth a wnewch o'r holl sôn am ddiwedd y byd?

Ym mha fodd y dylem fel Cristnogion fod yn wyliadwrus heddiw?

Gwers 42
Dywediadau Iesu

Adolygu

Daeth yn amlwg o ystyried rhai o ddywediadau Iesu yn y Testament Newydd nad yn frysiog na diofal y mae ei ddarllen. Gwelsom fod ei eiriau yn aml yn ein rhyfeddu, a bod yn rhaid tyrchu dan yr wyneb weithiau i ganfod eu hystyr. Yr ydym wedi sylwi hefyd ar y modd y dehonglwyd geiriau Crist mewn gwahanol ffyrdd mewn gwahanol gyfnodau, a'r gamp o hyd yw bod yn effro i'w perthnasedd i ni.

Trafod

Pa ddefnydd a wnewch o ganllawiau a gwirioneddau'r Beibl yn eich byw bob dydd? A ydynt yn cyfeirio eich meddwl ac yn dylanwadu ar eich agweddau?

Pe bai gofyn i chi annog rhywun i ddarllen y Beibl beth fyddech yn ei ddweud?

A gyfyd unrhyw beryglon o ddarllen y Beibl yn ddi–arweiniad?

Y mae Iesu'n aml yn annog ei ddilynwyr i ragori ar leiafswm y gofyn. Dylai gwneud ei ewyllys Ef fod yn hyfrydwch i'w ddisgyblion, ond gwyddom pa mor anodd yn aml yw ymgyrraedd at y safon a osododd Iesu ar ein cyfer. Argyhoeddiad yr Efengyl yw bod Crist, nid yn unig yn gofyn, ond yn nerthu a galluogi ei bobl.

Trafod

A ydych yn ymwybodol i chwi dderbyn nerth arbennig i gyflawni rhyw dasg neu i ymdopi â rhyw sefyllfa?

Perygl yr Eglwys bob amser yw nid gofyn gormod gan ei haelodau, ond gofyn rhy ychydig. A gytunwch?

Beth yw'r her fwyaf a wynebwn fel Cristnogion yng Nghymru heddiw?

Y mae rhai pethau sy'n llesteirio ymlyniad wrth Efengyl Iesu, ac awgrymir yn Y Beibl fod cyfoeth yn gallu gwneud hynny. Awgrymir hefyd y gall cyfoeth fod yn fendith, a gwyddom am rai a ddefnyddiodd eu cyfoeth mewn modd adeiladol, gan ddwyn budd i eraill. Yn 1994 gwerthodd Cyngor Cenhadaeth Bydeang Ysbyty Nethersole yn Hong Kong, a chyfeirir at y cyllid o £135 miliwn a ddeilliodd o hynny fel 'rhodd gras'.

Trafod

Beth yw cyfrinach sicrhau'r defnydd gorau o'n hadnoddau?

A ydym weithiau'n rhy swil i fod yn hael?

A gredwch fod eich eglwys yn defnyddio'i hadnoddau'n gyfrifol?

Y mae'r ddelfryd o wasanaeth wrth galon y Ffydd, a'r tu ôl iddi ceir egwyddorion mawr eraill megis hunanaberth, ymdrech, dyfalbarhad ac ymroddiad. Galwad i wasanaeth yw galwad yr Efengyl, ac yn ôl ei pharodrwydd i wasanaethu y caiff yr Eglwys yn aml ei beirniadu.

Trafod

Beth yw'r gwasanaeth mwyaf y gall yr Eglwys ei roi heddiw yng Nghymru?

A yw cymhelliad gwasanaeth yn effeithio ar natur gwasanaeth? A oes rhagor rhwng y gwasanaeth a rydd dilynwyr Iesu a'r hyn a rydd rhywrai eraill?

Nodwch y bendithion a ddaw o wasanaethu. Ai gwir fod y sawl sy'n rhoi gwasanaeth yn derbyn mwy na'r sawl sy'n cael ei wasanaethu? Y mae i'r Efengyl agweddau ysbrydol a thragwyddol. Byddwn weithiau'n anwybyddu'r agweddau hynny gan roi'r pwyslais yn llwyr ar y cyfoes a'r ymarferol. Dro arall cawn ein denu i anghofio'r presennol a chanolbwyntio'n sylw ar 'bethau nad adnabu'r byd'.

Trafod

Beth fyddech yn ei osod dan y pennawd 'ysbrydol', a beth dan y pennawd 'ymarferol' gyda golwg ar Gristnogaeth? A yw gwahaniaethu fel hyn yn ystyrlon?

Sut y mae bod yn effro i bethau ysbrydol, ac a oes modd meithrin ysbrydolrwydd?

Pa mor bwysig yw cred ac argyhoeddiad i chi?